誰があなたを護るのか

―不安の時代の皇《すめらぎ》

監修：新田 均・皇學館大学教授、日本の尊厳と国益を護る会

原作：青山繁晴　作画：ヒロカネプロダクション

扶桑社

裸の姿を見よ　〜前書きにかえて

ぼくらは国を喪っている。

拉致されたまま人生を根こそぎ奪われた同胞を四五年近く放置する日本の、どこが国家なのか。

国家の目的は、最終的には唯ひとつしかない。国民を護ることだ。

ただ一度、戦争に負けただけで、それができなくなっている国と社会に、わたしたちは今、住んでいる。

わたしは国会議員である前に、ひとりの物書きだ。そのささやかな信念のひとつとして、たとえ話はなるべく慎むようにしている。わかりやすいようでいて、ただのすり替えや誇張になることがあるからだ。しかし、日本国が国では無くなっていることについては、たとえ話もせざるを得ない。

あなたが社会に出て、すこし時間の経ったときに、遠い町に住む身体の大きな若い男と、不幸なことに、しなくても良い喧嘩《けんか》になったとする。あなたは、まだ幼稚園生のときから喧嘩が強かった。それも気持ちの中にあっただろう。

最初は口喧嘩だが、殴り合いになってしまって、最後に大男はなんと、長く太い釘を刺した角材で、あなたの柔らかな腹を二度、ひどく打ちつけるという禁じ手を使った。それは八月の六日と九日のことだった。あなたは命の危機に瀕《ひん》して、その夏、生まれて初めて負けを認めた。

するとあなたは、ひとが一変してしまった。

ふだん何も無い時には、それが分からない。

ところが隣の小さな家から他人が土足であなたの家に踏み込んで、新婚まもない妻が産んだ赤ちゃんを奪っていったら、すぐ隣なのにあなたは「返してください、お願いですから」と外から言うだけで何もしない。

それを見たもっと大きな隣家は、あなたの家の庭を突然、「この土地は昔から俺のものだった」と宣し、あなたがそれでも黙っていると、やがて庭に勝手に入り込むようになり、それでもなおあなたが黙っていると、遂に今では、武器を手に、玄関の中にまで入り込むようになった。しかし今なお、あなたは黙っている。

このふたりの隣人に聞こえるか聞こえないか分からない小さな声で苦情を呟《つぶや》くだけで、実際は黙っているのと変わらない。

そして赤ちゃんは隣の小さな家に囚《とら》われたまま、実に四五年近くが過ぎた。その家の中であなたの赤ちゃんが何をされてきたのか、どのような人生を送っているのか、食事はまともに与えられているのか、今は武漢熱に冒されていないのか、何も分からない。教えてもらえない。あなたはそれでも「喧嘩だけはしちゃいけない。あの夏を思い出せ。命は宝だ。だから喧嘩は二度としちゃいけない」と言い続け、毎年、初めて喧嘩に負けた日にはとりわけ、それを大きな声で叫ぶ。

その後に妻が産んだ子供たちは、あなたのその叫びに慣れて育ったから、家の奥から「そうだ、喧嘩だけはしちゃいけない」と言う。

あなたはもはや、庭にある大木、ご先祖が遺してくれた木に実る果実を採ることもできない。

このあなたが日本国である。

単なるたとえ話ではなく、寓話と思っていただけるだろうか。

奪われた赤ちゃんが拉致被害者、庭から玄関先が尖閣諸島なのは言うまでもない。

わたしたちと何も変わらない、罪の一切ない横田めぐみさんや有本恵子さん、田中実さんら同胞がすぐ隣国の北朝鮮にいらっしゃることを、時の内閣総理大臣みずから平壌で確認しながら、北朝鮮が勝手に決めた五人を一時《ひととき》だけ帰国することを総理が呑《の》んだ。

国民の憤激で、五人がもう一度、北朝鮮に戻されることだけは無くて済んだ。しかし取り残された、数も分からない、一〇〇人を超えている恐れのある日本国民は、そのままだ。

もう一度、わたしたち自身に問う。

これが国なのか。

いや国ではない。

わたしたちの多くが生まれる前の西暦一九四五年、昭和二〇年夏に日本が初めて体験した敗戦、そこからずっと変わらず日本は国を喪ったままである。

民は国無くして生きられない。

亡国の民がわたしたちである。

わたし自身を含め、日本人はありのままの、裸のおのれの姿を見るべきときが来ている。

なぜか。

拉致被害者を全員、助け出さねば、そのご両親も被害者本人も、みな命尽きてしまう。

そして、それだけではない。

実はこの亡国にも、ひとつだけ、たったひとつだけ敗戦でも喪わなかったものがある。

それは国の根っこである。

日本国の根っことは何か。

天皇陛下の変わらないご存在だ。

なぜ陛下が根っこか。

古代の仁徳天皇が「民の台所から炊事の煙が上がらないのなら、税をとるのをやめる」と御自ら宣せられ、粗末な食事や、衣服が着古したままになること、あるいは天井の破れに耐えられた。真っ先にわたくしごころ、私心を捨てられ、ひとのために生きられた。ひとのために磔《はりつけ》になられたイエスと変わらない。世界に通じる、その普遍的な理念を体現される生き方のまま、実に一二六代にわたって続いている。それが日本の天皇陛下だ。

一二六代、続いてきたことを、皇位の継承と呼ぶ。

この日本の最後の至宝を、いま、壊そうという動きがある。

先に「時の内閣総理大臣が拉致被害者のうちたった五人だけ、それも仮の帰国、すぐに北朝鮮に連れ戻されることを呑んだ」と記した。これは自由民主党の小泉純一郎総理（当時）である。その小泉総理が在任のとき、官僚の言うままに有識者会議なるものを開いて「女性天皇のみならず、女系天皇も容認する」という意見をまとめた。

だが、わたしたち日本国民は誰ひとり、義務教育で「女性天皇と女系天皇はどう違うか」を教わったことがない。義務教育どころか、大学まで勉強を続けても、皇學館大学といった特別の大学のほかは一切、教えない。

わたし自身、慶應義塾大学と早稲田大学、ふたつの大学で学びながら一度たりとも聴いたことも見たことも無い。

わたしが女性天皇と女系天皇の大きな違い、いや大きい小さいの問題ではない、致命的な違いを知ったのは、仕事のために海外を回るようになってからだ。

日本以外の諸国の王室は、イギリスをはじめ女系、正確に言えば母系の皇位継承も行っている。

だから王朝が変わる。イギリスならエリザベスⅡ世の現王朝はウインザー朝で、その前はハノーヴァー朝、その前はスチュアート朝とどんどん変わっている。これは日本なら、天皇家ではない天皇陛下が即位されることに当たる。たとえば皇族の女子が中国人とご成婚されて、その御子の即位を認めるのなら、この中国人の家系の天皇陛下の誕生である。

これが女系、正しくは母系だ（この母系を、より学問的に正確に言うなら、皇統以外の父系、となる）。

しかし天皇陛下を父に持つ女性がそのまま即位されるのなら、皇統、すなわち天皇陛下の歴代の繋《つな》がりは変わらない。

これが男系、正しくは父系である。

ただし、その女性天皇は、独身を貫かれるか、御子をお産みにならないかを求められる。なぜなら、ご成婚されたり、出産をなされると、前述の母系への転換が起きる可能性が出てくるからだ。

これはあくまで日本の根っこを変えない場合である。根っこを変えてもいいのなら、女性天皇が女系天皇、正しくは母系天皇に繋がることも許される。

したがって現代においては、女性天皇が即位された場合、日本国民が「女性の陛下に結婚も出産もなさるなという無理なことをお求めするか、日本の根っこをみずから捨てるか」という不毛の選択を迫られることになりかねない。

事実、日本の初めての女性天皇陛下であった推古天皇をはじめ、女性天皇は誰ひとり、即位後は結婚なさらなかった。御子をお産みになった女性天皇もいらっしゃらない。

推古天皇の名を受験勉強で覚えている日本人は、そう少なくないだろう。

しかし、ここに短く記した意味を教えてもらった日本人は、ほとんどいない。

そして小泉政権時代のとんでもない誤り、日本が最終的に国を喪うことに直結しかねないことを、立法府の国会は「附帯決議」で再び、復活させたのだった。

法律が成立するとき、主として野党の求めによって、法律の条文とは別に「決議」を付けることがある。そこに、通らなかった野党の要求、考えの入ることが多い。強制力はないが、政権には、その要求を考慮する努力義務が生じる。

平成三一年、西暦で言えば二〇一九年、今上陛下（当時）はご譲位をされて、上皇陛下となられた。そのご譲位を定めた特例法に、この附帯決議が委員会段階で付けられ、そのなかに「女性宮家の創設」という言葉がある。

これまで日本の永い歴史に無かった女性宮家を「創設」するならば、それこそ、女性天皇ではなく女系天皇に道を開く手立てだ。

しかしこれも日本国民で正確に分かるひとは、極めて稀《まれ》にしかいない。国民のせいでは全くない。教えない国のせいである。

このままでは、日本人は分からないまま、日本が国であるための最期の拠り所まで喪ってしまうだろう。

逆に言えば、この拠り所さえ護り抜けば、国として甦る日がきっと来る。

作家であるわたしは今、縁あって、立法府に居る。まつりごと、政に携わるだけではなく、もの書きとしても立つ。立たずにはいられない。

わたしは文章の力を深く信頼する。同時に、絵の力も信じている。子供の頃から絵にも深く馴染《なじ》んできた。だから議員となったあとに京都で、現代美術の個展も開いた。

そこで、どなたにも読み易い、イメージでも理解しやすいまんがに託して、今すべての日本人が知るべき、理解すべきことを伝える決心をした。

そして、不肖ながら代表を務める議員集団、護る会（日本の尊厳と国益を護る会）に提案し、信頼する編集者にも提案し、大好きな絵を描かれる弘兼憲史さんに相談し、やがて、生まれて初めての試み、まんがの原作を書くことに着手したのだった。

予想を超える山と谷を経験して、それがいよいよ姿を現したのが、本書である。

さぁ、主人公の永峯あかりと共に、魂の旅へ、まずは気楽に出発なさってください。
その先にどんな光が見えるか。またいずれ、後書きにてお目にかかります。

青山繁晴　拝

作家、参議院議員

令和三年、西暦二〇二一年、初代天皇の即位の日から数える皇紀で申せば西暦より六六〇年長い二六八一年の四月二七日朝。

武漢熱による三度目の緊急事態宣言下にある東京・湾岸にて。

◎目次

『誰があなたを護るのか――不安の時代の皇』解説

あなたのこゝろへの手紙～後書きにかえて

わたしのすべての書において、常に、ひとつの原則があります。

それは漢字、ひらがな、カタカナ、ローマ字を自在に使い、同じ言葉でも、この四種を文章の輝きや、あるいは静けさのために使い分けることです。

わたしたちは、漢字からひらがなを創り出し、そこから、ほんとうの日本語を拓いたとわたしは考えます。

同じ漢字から、カタカナも創られ、ひらがなとカタカナの柔らかな力は、漢字もローマ字も日本語そのものへ、みごとに変容させました。

これが、日本語へのわたしなりの信念と愛情です。四種をあえて不統一に使い、一般的な校正の基準から外れます。校正者にも諒解をいただいています。

わたしたちの根源的な柱である日本語を一緒に、護り、そして育てませんか。

青山繁晴　拝

[プロローグ]

天皇陛下《てんのうへいか》って？

※P120参照

やっぱり誰《だれ》もいないよね
コロナで修学旅行《しゅうがくりょこう》の一行《いっこう》がいないからね そのうち移動自粛《いどうじしゅく》も発出《はっしゅつ》されるらしいよ
永峯《ながみね》あかり 不動館高校《ふどうかんこうこう》 3年《ねん》
自粛《じしゅく》のまえに間《ま》に合《あ》ってよかった! でも、ここに来《こ》られたの春暁《しゅんぎょう》が一緒《いっしょ》に来《き》てくれたおかげだよ

春暁《しゅんぎょう》
不動館高校《ふどうかんこうこう》
2年《ねん》
でも京都《きょうと》って いろいろ見所《みどころ》が あるのに 何故《なぜ》この 京都御所《きょうとごしょ》一《いっ》か所《しょ》 だけ選《えら》んだの？
日帰《ひがえ》りだから あちこち見《み》て回《まわ》る 時間《じかん》はないでしょ
だからここにしたの 平安時代《へいあんじだい》から江戸時代《えどじだい》まで 天皇陛下《てんのうへいか》が1000年《ねん》以上《いじょう》 住《す》まわれていたんだから 見《み》る価値《かち》十分《じゅうぶん》でしょ！
ふーん…… まとりあえず 僕《ぼく》は嬉《うれ》しいよ
一緒《いっしょ》に来《こ》られて
？

だけど不思議《ふしぎ》……というより意外《いがい》
何《なに》が？
守《まも》りがない
守《まも》り？
だって姫路城《ひめじじょう》や皇居《こうきょ》を思《おも》い出《だ》してごらん
高《たか》い石垣《いしがき》とか巨大《きょだい》なお堀《ほり》で守《まも》られているよね

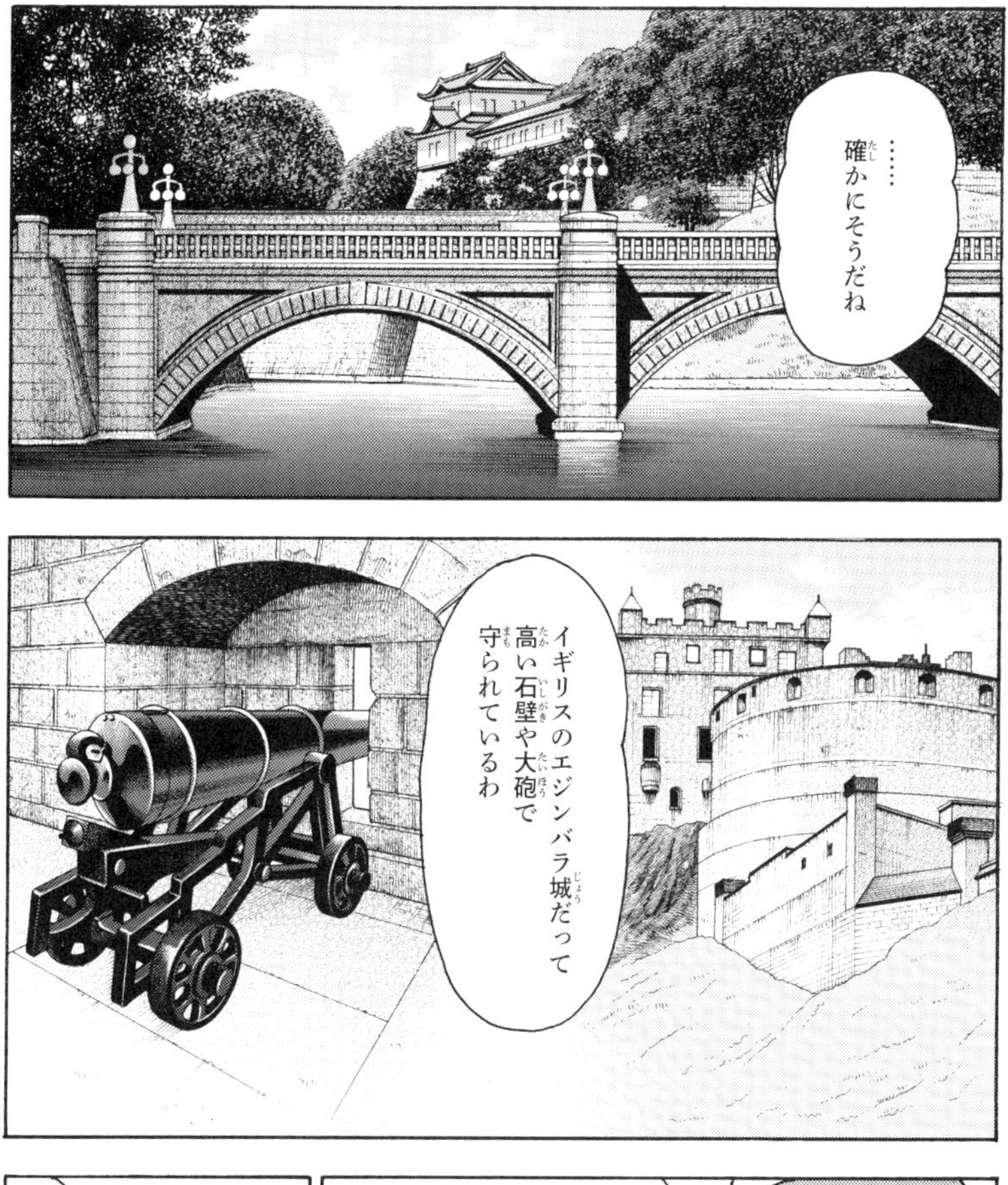
……確《たし》かにそうだね
イギリスのエジンバラ城《じょう》だって高《たか》い石壁《いしがき》や大砲《たいほう》で守《まも》られているわ
王様《おうさま》や殿様《とのさま》って警固《けいご》があるのが当然《とうぜん》なのに何故《なぜ》天皇陛下《てんのうへいか》のお住《す》まいだけはお守《まも》りの対策《たいさく》がとられていなかったのかしら……
……

不《ふ》動《どう》館《かん》高《こう》校《こう》
図《と》書《しょ》館《かん》
●受験勉強《じゅけんべんきょう》使用可《しようか》
●椅子《いす》は一《ひと》つおきに使用《しよう》
●満席《まんせき》の時《とき》は
必《かなら》ずマスク着用《ちゃくよう》

満席《まんせき》？
誰《だれ》もいないので
マスクはとっても
いいかな
えー 初《はじ》めまして！
新任《しんにん》の司書《ししょ》として
来《き》ました「紀《のり》」と申《もう》します
※紀元節《きげんせつ》の「紀《き》」
34歳《さい》だから
きみたちのお父《とう》さんより
若《わか》いかな
どうぞ図書館《としょかん》を
有効《ゆうこう》に利用《りよう》して下《くだ》さい
待《ま》ってます！

※P122参照

この新《あた》しい司書《ししょ》さん
「紀《のり》」って……
変《かわ》った名前《なまえ》だな
まいいか
そんなこと
今《いま》は京都御所《きょうとごしょ》のことを もっと
知《し》るために
勉強《べんきょう》しなきゃ
京都御所のすべて
満席《まんせき》の時《とき》は
必ずマスク
……
なら 外《はず》しても
いいか♪

あれ？永峯《ながみね》先輩《せんぱい》受験《じゅけん》勉強《べんきょう》じゃないの？
受験《じゅけん》勉強《べんきょう》より知《し》りたいことがあるの
何《なん》でそんなのんびり？志望《しぼう》は文系《ぶんけい》か理系《りけい》かも決《き》めてないんでしょ
いいの？
うざー!!
密《みつ》！2メートル空《あ》けてよねッ！
はいはい

うーん
……
永峯家《ながみねけ》

今後《こんご》の皇位継承者《こういけいしょうしゃ》は実質的《じっしつてき》には悠仁親王殿下《ひさひとしんのうでんか》お一人《ひとり》しかいないということでよろしいでしょうか
お母《かあ》さんは愛子《あいこ》さまが次《つぎ》の天皇《てんのう》になればいいと思《おも》うけどな
愛子《あいこ》さま・・じゃなくて愛子内親王殿下《あいこないしんのうでんか》って言《い》わなきゃダメ！
※皇室典範《こうしつてんぱん》の23条《じょう》に書《か》いてあるわ

※P124参照

お姉《ねえ》ちゃん 何《なん》だか凄《すご》いな どうしたの？
無視
あ お父《とう》さんに 聞《き》きたいんだけど …… お父《とう》さん お城《しろ》マニア だったよね
うん…… まあね
どこのお城《しろ》も ガチガチに王様《おうさま》や 殿様《とのさま》を守《まも》ってるよね …… なのに天皇陛下《てんのうへいか》の お住《す》まいだった 京都御所《きょうとごしょ》には 守《まも》りがない…… これはどうして？
えー 今《いま》天皇陛下《てんのうへいか》は 皇居《こうきょ》にいるんだよね 皇居《こうきょ》は堀《ほり》や石垣《いしがき》で 守《まも》られているよ
そうよ だって皇居《こうきょ》は元々《もともと》 徳川将軍《とくがわしょうぐん》のお城《しろ》だもの
あ そうか
うーん どうしてだろうな
天皇陛下《てんのうへいか》はたぶん 外国《がいこく》の王様《おうさま》とは違《ちが》うよ
何故《なぜ》守《まも》ったり 守《まも》られたりしなくて いいのかなぁ……

天皇とは何か
日本人と天皇
日本の天皇
高校生でもわかる天皇
ずいぶん一生懸命《いっしょうけんめい》に閲読《えつどく》しているけど何《なに》を調《しら》べているの？
あ はい！
司書《ししょ》さん……いや 紀元節《きげんせつ》の紀《のり》さんですね

今《いま》調《しら》べているのは 京都御所《きょうとごしょ》には 何故《なぜ》お堀《ほり》すら ないのかってこと ……
うん そこね
※平安京《へいあん》は8世紀《せいき》に 唐《とう》の都《みやこ》長安《ちょうあん》を モデルに作《つく》ったけれど
御所《ごしょ》は 中国《ちゅうごく》の皇帝《こうてい》の 宮殿《きゅうでん》と真逆《まぎゃく》で 守《まも》りがないんだ
今《いま》の御所《ごしょ》の形《かたち》に なったのは 14世紀《せいき》だけど 考《かんが》え方《かた》は最初《さいしょ》から 同《おな》じだよ
あれ？ その本《ほん》 昨日《きのう》はそこに なかったみたい
パラパラ
パラパラ
うん なかっただろうね

※P126参照

ピタ
新説
この絵《え》を見《み》てごらん
※仁徳天皇《にんとくてんのう》のお姿《すがた》が
描《えが》かれている
仁徳天皇《にんとくてんのう》 像《ぞう》

※P128参照

あなたの名前《なまえ》は
永峯《ながみね》あかりさん
!?
何故《なぜ》 知《し》って
いるんですか?
あかりさんが
本気《ほんき》で望《のぞ》むなら
今《いま》から
あかりさんの疑問《ぎもん》が
解《と》けるところまで
連《つ》れていける
え?
あなたが
強《つよ》く望《のぞ》み
そして
飛《と》び越《こ》えることが
出来《でき》るならば
飛《と》び越《こ》える……って
何《なに》を?
僕《ぼく》にはそれが出来《でき》る
あなたはこの
不動館高陸上部《ふどうかんこうりくじょうぶ》で
ナンバーワンの
走《はし》り高跳《たかと》びの選手《せんしゅ》だ
そんなことまで
知《し》ってるって
……
あなたは……
何者《なにもの》?

魂《たましい》を込《こ》めて願《ねが》い この上《うえ》を 跳《と》んでいけ!!
……170センチ ちょうど私《わたし》の ベスト記録《きろく》
跳《と》べるわ
背面跳《はいめんと》びよ!! 着地《ちゃくち》は どうするの
私《わたし》どうして跳《と》ぼうと 思《おも》ってるのかしら?
何《なに》も心配《しんぱい》 するな
ようし!

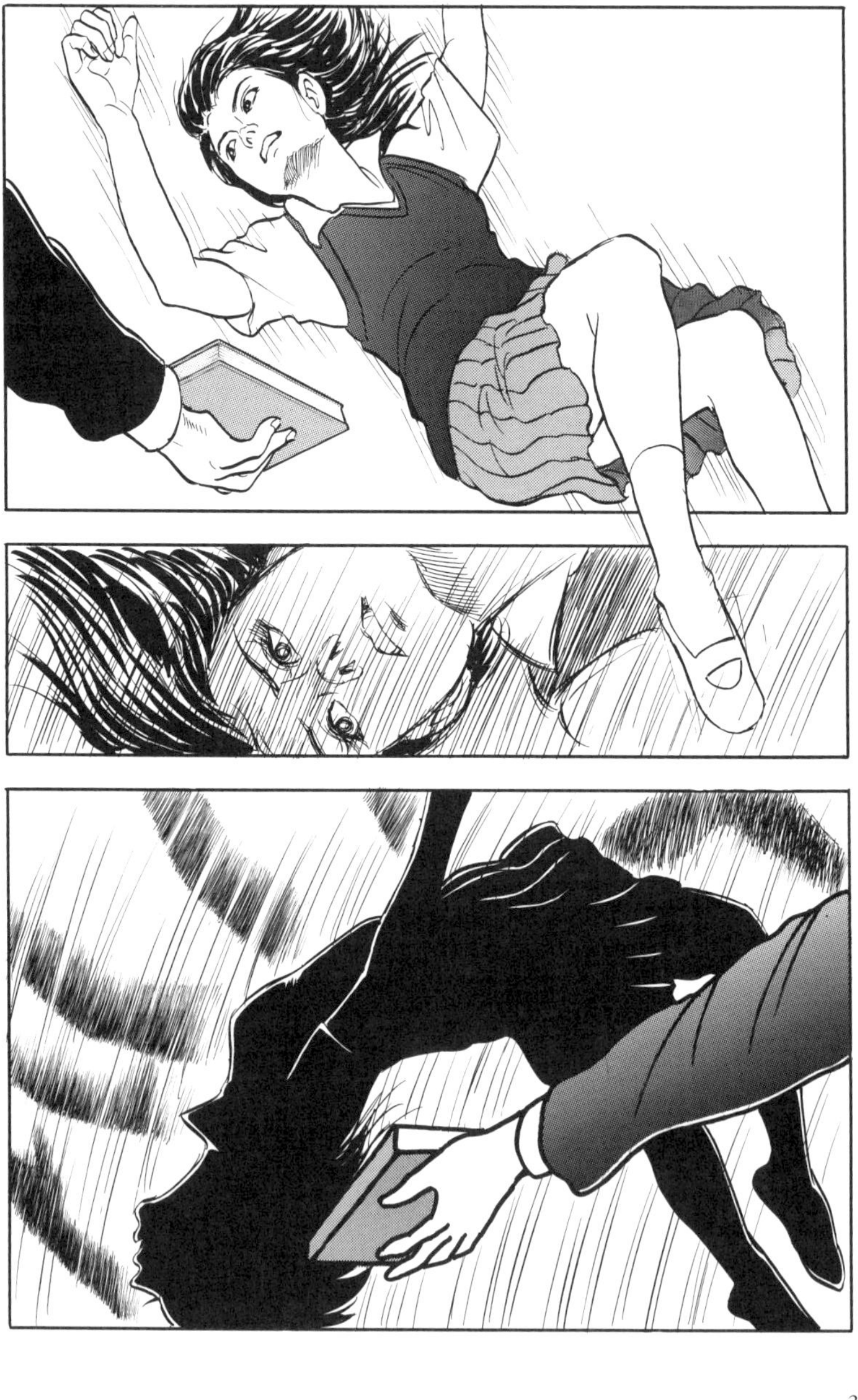

フワッ

紀《のり》さん あなた いったい？
……と言《い》うか ここ どこ？
※難波高津宮《なにわのたかつのみや》
皇紀《こうき》976年《ねん》 西暦《せいれき》316年《ねん》 元号《げんごう》はまだ無《な》い 時代《じだい》だよ
えーッ!?

※P130参照

〔 第一章《だいいっしょう》 〕

天皇陛下《てんのうへいか》は何《なん》のためにいらっしゃるか

何《なに》か町《まち》を歩《ある》く人《ひと》たちみんな痩《や》せて疲《つか》れているみたい
そうだよな……
ちょうどいいあの丘《おか》に登《のぼ》って町《まち》を俯瞰《ふかん》してみよう
え!?

フワ
わあ
これが古代《こだい》の町《まち》なのね

誰《だれ》か来《き》たわ
あのお方《かた》が 仁徳天皇《にんとくてんのう》だよ 今《いま》はちょうど在位《ざいい》 されている時《とき》だ
えー！ うッそ
君《きみ》の耳《みみ》には 現代語《げんだいご》で聞《き》こえる ようにしたから 耳《みみ》を澄《す》ませて 聴《き》いてごらん

何故《なぜ》夕餉《ゆうげ》の仕度《したく》の頃合《ころあ》いに煙《けむり》が立《た》ちのぼっていないんだ？
はて……どうしたことでしょう？
民《たみ》が貧《まず》しいからかまどで煮炊《にた》き出来《でき》ないのではないか？
確《たし》かにここ数年《すうねん》夏《なつ》が涼《すず》しく作物《さくもつ》の実《みの》りがすぐれません

そうか では今後《こんご》 3年間《ねんかん》 課税《かぜい》をやめる
は？ 税《ぜい》を取《と》らないの ですか？
すると陛下《へいか》と 我々《われわれ》は どうやって 生活《せいかつ》を？
我々自身《われわれじしん》でも 作物《さくもつ》を作《つく》るのだ
……
かしこまり ましたーッ

仁徳天皇すばらしい！
でも税無《ぜいな》しで本当《ほんとう》に大丈夫《だいじょうぶ》なのかなぁ
じゃあこの時《とき》の3年後《ねんご》に行《い》ってみようか

キャ！ということはここは西暦《せいれき》319年《ねん》なの？
うん
ほら

あ 仁徳天皇《にんとくてんのう》だわ！
そう 仁徳天皇《にんとくてんのう》の着衣《ちゃくい》をよく見《み》てごらん
わなんかボロボロ 陛下《へいか》 姿勢《しせい》はよくていらっしゃるけど着物《きもの》が破《やぶ》れてるよ
税金《ぜいきん》を取《と》らなければ必然的《ひつぜんてき》に天皇《てんのう》も民《たみ》と同《おな》じ暮《く》らしになるからね

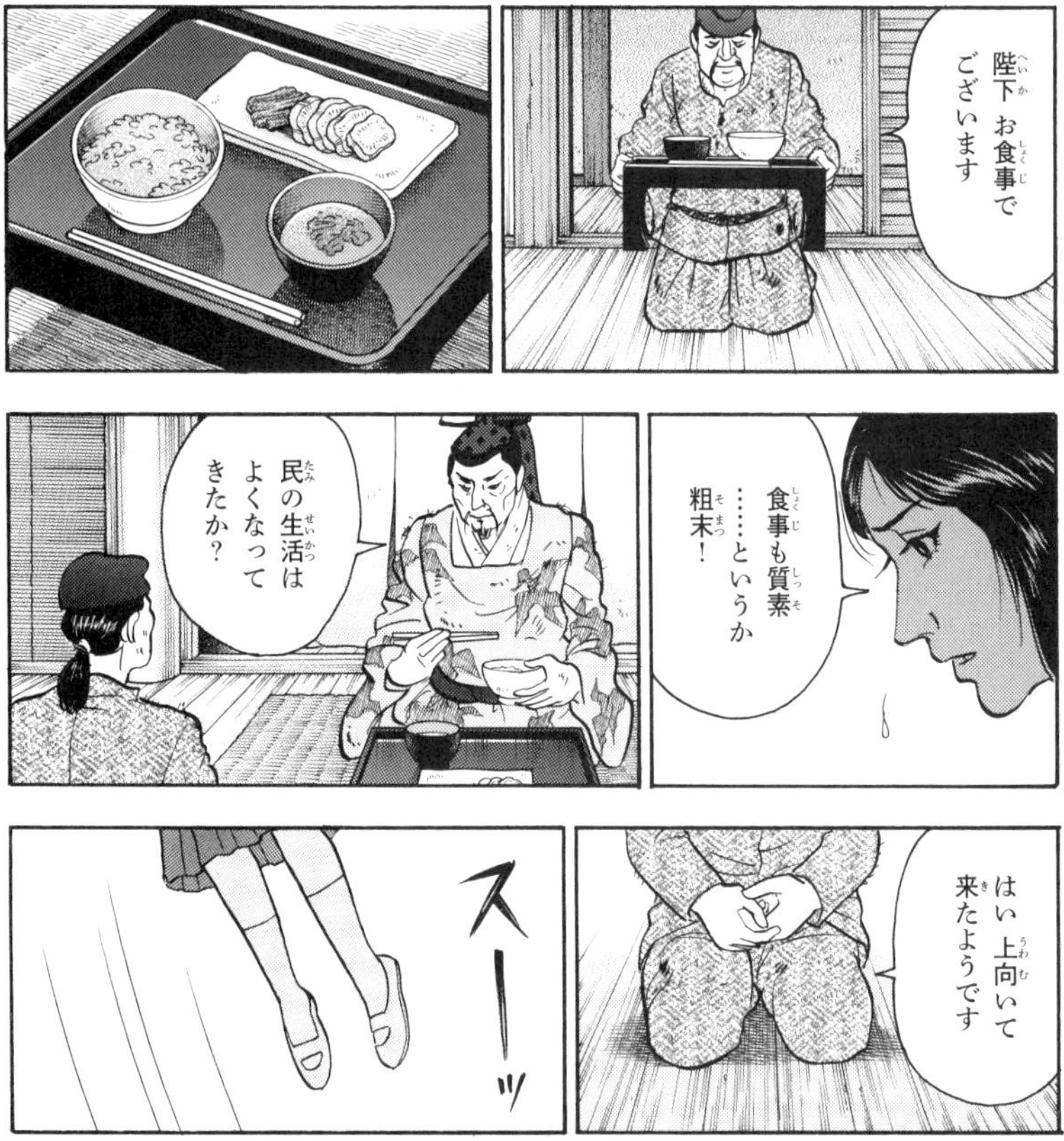
陛下《へいか》 お食事《しょくじ》でございます
食事《しょくじ》も質素《しっそ》……というか粗末《そまつ》!
民《たみ》の生活《せいかつ》はよくなってきたか?
はい 上向《うわむ》いて来《き》たようです
スーッ

ホントだ 3年前《ねんまえ》と違《ちが》って それぞれの家《いえ》から 煙《けむり》が立《た》ち上《のぼ》っている
そうか よかった では更《さら》に3年間《ねんかん》 税《ぜい》無《な》しを続《つづ》けよう
は？
……は はい！
今日《きょう》も 星《ほし》の美《うつく》しい夜《よる》に なりそうだな

え？屋根《やね》に穴《あな》が開《あ》いているの？雨《あめ》が降《ふ》る日《ひ》はどうするの？
税金《ぜいきん》が無《な》いから宮殿《きゅうでん》のメンテナンスもなされてないんだね
仁徳天皇《にんとくてんのう》すごい！本当《ほんとう》に民《たみ》思《おも》い！
ホラ町《まち》の人《ひと》の表情《ひょうじょう》も明《あか》るいわ
作物《さくもつ》も籠《かご》にたくさん詰《つ》まっている
じゃ更《さら》に3年後《ねんご》に行《い》ってみよう

エッホ
エッホ
エッホ
これ何《なに》してるの？
町《まち》の人《ひと》が誰《だれ》にも命《めい》じられないまま自《みずか》ら進《すす》んで仁徳天皇《にんとくてんのう》の宮殿《きゅうでん》を修理《しゅうり》してるんだ
6年《ねん》も無税《むぜい》にしてもらったからお返《かえ》しをしなきゃあな
そうだよせめて宮殿《きゅうでん》の修繕《しゅうぜん》をして差《さ》し上《あ》げて恩返《おんがえ》しをしよう
いい関係《かんけい》ね〜
じゃそろそろ戻《もど》ろうか

……戻《もど》った！
紀《のり》さん！私《わたし》仁徳天皇《にんとくてんのう》のこと文献《ぶんけん》ではっきり確《たし》かめたいです！
じゃ この「※日本書紀《にほんしょき》」を読《よ》んでごらん
原文《げんぶん》だけど漢文《かんぶん》が得意《とくい》な君《きみ》なら読《よ》み取《と》れる筈《はず》だ

※P132参照

※「日本書紀」には、仁徳天皇（にんとくてんのう）が皇后陛下に仰った有名なお言葉がある。「朕（ちん）、既（すで）に富（と）めり」「天（てん）の君（くん）を立（た）つるは是百姓（これひゃくしょう）の為（ため）なり」「百姓（ひゃくしょう）富（と）めるは朕（ちん）が富（と）めるなり」

※1 あかりさんは新嘗祭《にいなめさい》を知《し》ってる？
えっと…… 勤労感謝《きんろうかんしゃ》の日《ひ》でしたっけ
聞《き》いたことはあるけど
収穫祭《しゅうかくさい》と言《い》えばいいかな その年《とし》に採《と》れた作物《さくもつ》を神々《かみがみ》に感謝《かんしゃ》して捧《ささ》げ そしてみんなで食《た》べる大事《だいじ》な儀式《ぎしき》なんだ
※2 祭主《さいしゅ》は天皇陛下《てんのうへいか》
実《じつ》は祭主《さいしゅ》 祈《いの》り主《ぬし》としての役割《やくわり》こそが天皇陛下《てんのうへいか》のご存在《そんざい》を続《つづ》けること つまり皇位継承《こういけいしょう》の本質《ほんしつ》なんだよ
天皇陛下《てんのうへいか》は古来《こらい》 そして歴代《れきだい》国民《こくみん》と国《くに》のために祈《いの》り続《つづ》けていらっしゃるんだ ご自分《じぶん》の幸《しあわ》せは決《けっ》して祈《いの》られない ただ人《ひと》のため 民《たみ》のために毎日《まいにち》 毎夜《まいよ》 祈《いの》られる

※1 P134参照 ※2 P135参照

第二章《だいにしょう》

天皇陛下《てんのうへいか》の※1万世一系《ばんせいいっけい》って何《なに》

前編《ぜんぺん》 国産《くにう》み

ねえ紀《のり》さん 皇室《こうしつ》って どんなふうに 始《はじ》まったん ですか?

初代天皇《しょだいてんのう》は ※2神武天皇《じんむてんのう》でしょ
仁徳天皇《にんとくてんのう》が 16代天皇《だいてんのう》で
……

……
神話《しんわ》の世界《せかい》から ふり返《かえ》ってみよう

※1 P138参照 ※2 P140参照

古《いにしえ》に天地《てんち》が分《わ》かれず
陰《いん》も陽《よう》も
分《わ》かれざる時《とき》があった
やがて※1高天原《たかまがはら》に
神々が誕生した
最後《さいご》に生《う》まれた
※2イザナギノミコトと
イザナミノミコトが

※1 P142参照　※2 P143参照

混沌《こんとん》とした大地《だいち》に
矛《ほこ》を突《つ》き立《た》て
掻《か》き回《まわ》してから
引《ひ》き抜《ぬ》くと
ズッボォ
その切《き》っ先《さき》から
滴《したた》る雫《しずく》が
国土《こくど》となって
日本《にほん》が
産《う》み出《だ》された

初代天皇《しょだいてんのう》の神武天皇《じんむてんのう》は ※1天照大神《あまてらすおおみかみ》の五世代あとの 孫《まご》でいらっしゃる方《かた》だ 実在《じつざい》したという説《せつ》と 伝説《でんせつ》という説《せつ》がある
この神武天皇《じんむてんのう》が 日向《ひゅうが》から大和《やまと》へ東征《とうせい》をなさって ※2橿原宮《かしはらのみや》に日本初《にほんはじ》めての都《みやこ》を置《お》かれた そこから日本《にほん》の歴史《れきし》と年代《ねんだい》が始《はじ》まったんだ
え？ 日本《にほん》の歴史《れきし》の始《はじ》まりは 神武天皇《じんむてんのう》が お生《う》まれになった年《とし》 じゃないんですか？
うん 西洋《せいよう》では キリストが 生《う》まれた時《とき》から 年代《ねんだい》（西暦《せいれき》）が始《はじ》まるけど 日本《にほん》は違《ちが》う
日本《にほん》の年代《ねんだい》は 神武天皇《じんむてんのう》が 初代《しょだい》の天皇陛下《てんのうへいか》に 即位《そくい》された年《とし》から 始《はじ》まるんだ
これが日本《にほん》の 凄《すご》いところ なんだよ

※1 P145参照 ※2 P147参照

……
どういうことですか?
つまり日本《にほん》は神武天皇《じんむてんのう》を神様《かみさま》のように崇《あが》めて受《う》け容《い》れろというのではなくて
国《くに》が国《くに》としてまとまった日《ひ》を歴史《れきし》のスタートとした
そしてその国《くに》とその国《くに》の民《たみ》を護《まも》るのが天皇陛下《てんのうへいか》のお役目《やくめ》だ国《くに》も陛下《へいか》も民《たみ》のためにある
そうかだから日本《にほん》の天皇陛下《てんのうへいか》は他国《たこく》と違《ちが》って民《たみ》に襲《おそ》われない襲《おそ》われないからお住《す》まいに守《まも》りがない
そうそして今上陛下《きんじょうへいか》の父方《ちちかた》を辿《たど》っていくと神武天皇《じんむてんのう》に辿《たど》り着《つ》く
その考《かんが》え方《かた》なら国《くに》は2700年近《ねんちか》く続《つづ》いて今《いま》に至《いた》っている
なるほどーでも母《はは》を辿《たど》るんじゃなくて父《ちち》を辿《たど》るんだ……
どうして?やっぱり女性差別《じょせいさべつ》の思想《しそう》が大昔《おおむかし》からあったってこと?

ハハハ それはない
だって 神武天皇《じんむてんのう》の
神話《しんわ》でのご先祖《せんぞ》は
女性《じょせい》の神様《かみさま》であられる
天照大神《あまてらすおおみかみ》だよ
それに日本《にほん》は
すでに
女性《じょせい》の天皇陛下《てんのうへいか》が
八人《はちにん》もいらっしゃる
ということは……
その女性《じょせい》の天皇陛下《てんのうへいか》は
父方《ちちかた》が神武天皇《じんむてんのう》に
つながっている
ということ？
そういうこと！
全員《ぜんいん》つながって
おられる
またタイムワープして
八人《はちにん》の女性天皇《じょせいてんのう》に
お会《あ》いするか？
そんなこと
出来《でき》るの？
ああ
さあ
跳《と》んで
はいッ

第三章《だいさんしょう》

天皇陛下《てんのうへいか》の万世一系《ばんせいいっけい》って何《なに》

後編《こうへん》 女性天皇《※1じょせいてんのう》・女系天皇《※2じょけいてんのう》

※1 P148参照 ※2 P149参照

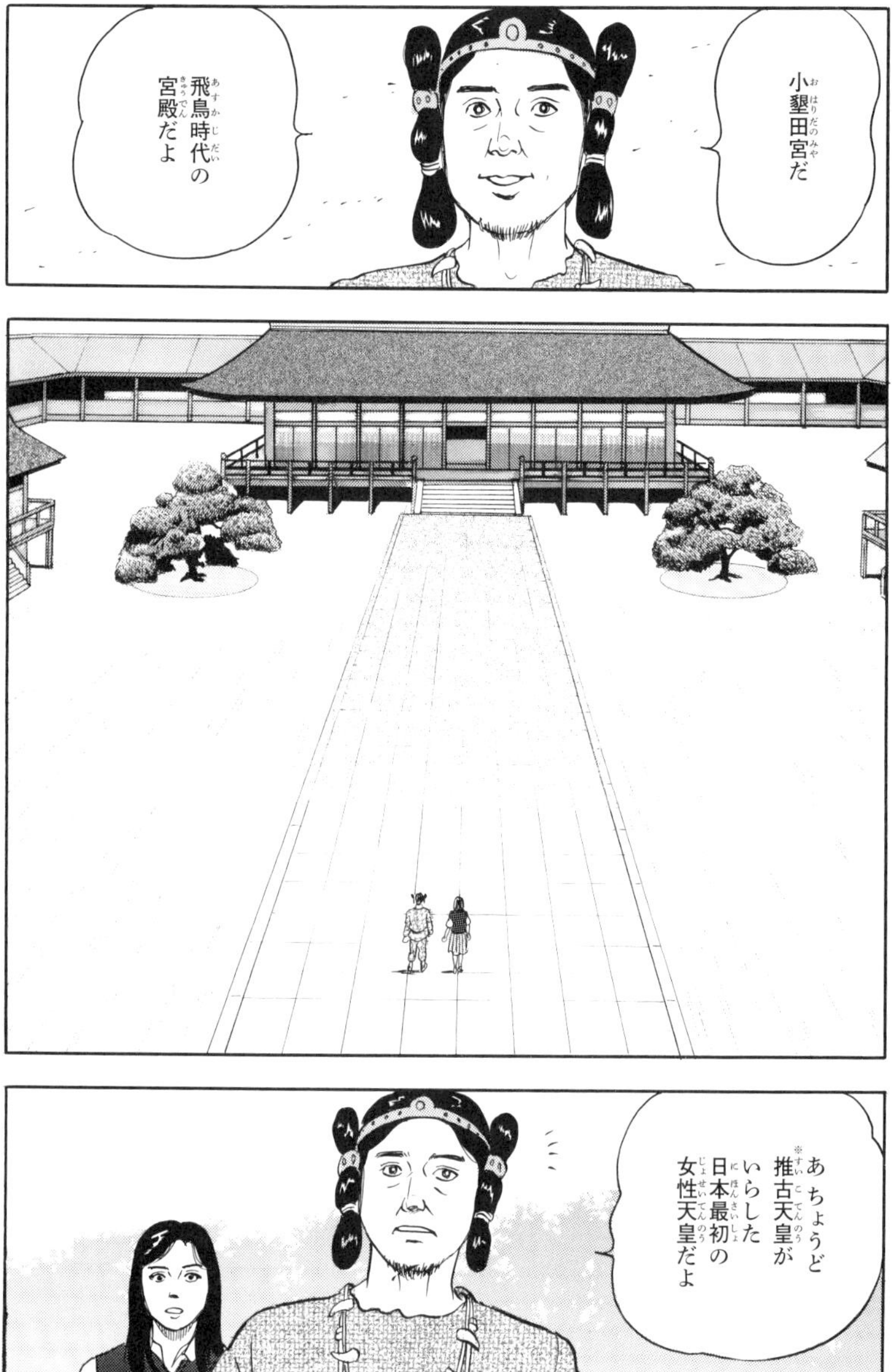
小墾田宮《おはりだのみや》だ
飛鳥《あすか》時代《じだい》の宮殿《きゅうでん》だよ
あ ちょうど※推古天皇《すいこてんのう》がいらした日本最初《にほんさいしょ》の女性天皇《じょせいてんのう》だよ

※P152参照

行《い》くなら今《いま》だ！
現代語《げんだいご》で
会話《かいわ》が出来《でき》るので
大丈夫《だいじょうぶ》だ

すみません！
私《わたし》たち 推古天皇《すいこてんのう》に
お話《はなし》を伺《うかが》いたくて
未来《みらい》から
やってきました！
!!
陛下《へいか》！護衛《ごえい》を
呼《よ》びますか？
待《ま》って!!……
突然《とつぜん》のお客様《きゃくさま》
しかも未来《みらい》の方《かた》なら
興味《きょうみ》があるわ
お話《はなし》を
聞《き》きましょう

そちらの若《わか》い方《かた》 ずいぶん 変《か》わった形《かたち》の衣《ころも》を 身《み》につけて おられますね
はい これは 1400年後《ねんご》の 日本《にほん》の学校《がっこう》の 制服《せいふく》です
私《わたし》たちの時代《じだい》で今《いま》 女性天皇陛下《じょせいてんのうへいか》と 父方《ちちかた》ではなくて 母方《ははかた》でつながる 女系天皇《じょけいてんのう》が いいのか 悪《わる》いのか 議論《ぎろん》になっていて 参上致《さんじょういた》しました

陛下《へいか》のお考《かんが》えを伺《うかが》えませんか？
実《じつ》はこのあとの日本《にほん》では陛下《へいか》を含《ふく》め八人《はちにん》の女性天皇《じょせいてんのう》が即位《そくい》なさいます
八人《はちにん》！
まあ それは興味深《きょうみぶか》いわね その女性《じょせい》の皆《みな》さん どんなお気持《きも》ちだったのでしょう 私《わたし》も知《し》りたいわ
魂《たましい》であれば ここにお連《つ》れできるかと存《ぞん》じます
あら そのようなことがお出来《でき》になるの？
それは素晴《すば》らしい

あかりさん 後《うしろ》に下《さ》がって 場所《ばしょ》を空《あ》けて！
はい………
では陛下《へいか》の皆様《みなさま》 よろしくお願《ねが》い 奉《たてまつ》ります！
ゴゴゴゴゴゴゴ

皇極《こうぎょく》天皇《てんのう》
持統《じとう》天皇《てんのう》
元明《げんめい》天皇《てんのう》
元正《げんしょう》天皇《てんのう》
孝謙《こうけん》天皇《てんのう》
明正《めいしょう》天皇《てんのう》
後桜町《ごさくらまち》天皇《てんのう》
ようこそ 小墾田宮《おはりだのみや》へ

畏《おそ》れながら申《もう》し上《あ》げます天皇陛下《てんのうへいか》の皆様《みなさま》よくぞお出《い》でくださいました！
実《じつ》は それぞれの陛下《へいか》におかれましては※崩御《ほうぎょ》なされたあとに諡号《しごう》と申《もう》しまして歴史《れきし》に残《のこ》っていくお名前《なまえ》をお持《も》ちになっております
崩御《ほうぎょ》のあとですからご自分《じぶん》の諡号《しごう》についてご存《ぞん》じありません今日《きょう》はその諡号《しごう》にて呼《よ》ばせていただくことを伏《ふ》してお許《ゆる》し願《ねが》います

※P153参照

皇極天皇《こうぎょくてんのう》は もう一度即位《いちどそくい》なされ 斉明天皇《さいめいてんのう》となられ 孝謙天皇《こうけんてんのう》も もう一度即位《いちどそくい》され 称徳天皇《しょうとくてんのう》となられました 従《したが》いまして 女性天皇《じょせいてんのう》は 八人十代《はちにんじゅうだい》いらっしゃいます
推古天皇《すいこてんのう》
あら そうなのね …… 知《し》らなかった
あのう…… 私《わたし》 そろそろ質問《しつもん》を させていただいても よろしいでしょうか?
あ そうだったわ どうぞ

女性《じょせい》の天皇陛下《てんのうへいか》はどなたも即位《そくい》されてからは結婚《けっこん》されていませんお子様《こさま》も産《う》んでおられませんどうしてですか？
男性《だんせい》の陛下《へいか》より行動《こうどう》が制限《せいげん》されて見《み》えるのです女性《じょせい》として当然《とうぜん》のことが出来《でき》ないそれは女性《じょせい》が差別《さべつ》されているのですか？不躾《ぶしつけ》な質問《しつもん》で申《もう》し訳《わけ》ありません
不躾《ぶしつけ》な質問《しつもん》ではなくて不思議《ふしぎ》な質問《しつもん》ね
1400年《ねん》経《た》つとそんなことも分《わ》からなくなるの？
……そんなことってどんなことでしょうか？
ああもっと不躾《ぶしつけ》になっちゃいました申《もう》し訳《わけ》ございません！

では遠来《えんらい》のお客様《きゃくさま》に
詳《くわ》しく話《はな》して
差《さ》し上《あ》げましょう
私《わたし》の父《ちち》は※1天皇陛下《てんのうへいか》よ
だから父《ちち》を辿《たど》れば
初代《しょだい》の陛下《へいか》に
つながっています
だけど母《はは》は
※2蘇我一族《そがいちぞく》の
蘇我堅塩媛《そがのきたしひめ》です
だから母方《ははかた》からは
初代《しょだい》の陛下《へいか》に
まったくつながりません
私《わたし》は※3天皇陛下《てんのうへいか》の皇后《こうごう》でしたが
陛下《へいか》が崩御《ほうぎょ》されたの
そして私《わたし》の兄だった次《つぎ》の※4天皇陛下《てんのうへいか》も
即位《そくい》して2年《ねん》で病《やまい》（天然痘《てんねんとう》）に感染《かんせん》して
崩御《ほうぎょ》されました
その次《つぎ》の※5天皇陛下《てんのうへいか》までが
思《おも》いがけないことで崩御《ほうぎょ》
されてしまった
（蘇我馬子《そがのうまこ》の手《て》の者《もの》に
暗殺《あんさつ》された）
普通《ふつう》なら
次《つぎ》の天皇陛下《てんのうへいか》が
即位《そくい》されるけれど
厩戸皇子《うまやどのおうじ》
（後《のち》に※6聖徳太子《しょうとくたいし》と呼《よ》ばれた）
をはじめ
有力《ゆうりょく》な皇子《みこ》が三人《さんにん》も
いらっしゃって
なかなかみんなの
意見《いけん》が揃《そろ》わなかった
だから私《わたし》が
中継《なかつ》ぎで即位《そくい》して
大事《だいじ》な実務《じつむ》は
厩戸皇子《うまやどのおうじ》に
お願《ねが》いしました

※1 第29代 欽明天皇（きんめいてんのう） ※2 P154参照 ※3 第30代 敏達天皇（びだつてんのう） ※4 第31代 用明天皇（ようめいてんのう）
※5 第32代 崇峻天皇（すしゅんてんのう） ※6 P156参照

何事《なにごと》も
謙虚《けんきょ》に控《ひか》えて考《かんが》え
述《の》べるべきです
知恵《ちえ》もむき出《だ》しに
しないのが よいのですよ
だから陛下《へいか》は
厩戸皇子《うまやどのおうじ》を
摂政《せっしょう》にお就《つ》けになって
第一線《だいいっせん》をお任《まか》せに
なったのか……
ところで
あなた……
もしかして
宝皇女《たからのひめみこ》？
皇極天皇《こうぎょくてんのう》
はい そうです
気付《きづ》いてくださって
光栄《こうえい》です
畏《おそ》れながら私《わたし》は
陛下《へいか》の崩御《ほうぎょ》のあと
即位《そくい》された天皇陛下《てんのうへいか》の
皇后《こうごう》となりました
その天皇陛下《てんのうへいか》が
崩御《ほうぎょ》されると
やはり皇子《みこ》が
何人《なんにん》かいらっしゃって
決《き》められず
私《わたし》が中継《なかつ》ぎで
即位《そくい》したのです
私《わたし》と
同《おな》じですね
はい

お二人《ふたり》とも皇后《こうごう》の時《とき》の天皇陛下《てんのうへいか》と次《つぎ》の陛下《へいか》の中継《なかつ》ぎで即位《そくい》されてそして再《ふたた》びご結婚《けっこん》はなさらなかった……
もっと深《ふか》い根《ね》っこにあるものをお尋《たず》ねしていいですか？
はい
例《たと》えば 蘇我氏《そがし》の誰《だれ》かと再婚《さいこん》なさってその誰《だれ》かとの間《あいだ》に出来《でき》た御子《みこ》が即位《そくい》でもされたら父方《ちちかた》が神武天皇《じんむてんのう》と全《まった》くつながらない蘇我王朝《そがおうちょう》の始《はじ》まりになってしまいます
それを深《ふか》いところでお考《かんが》えになったのではありませんか？
うーん……あかりを見込《みこ》んではいたけどそこまで考《かんが》えることが出来《でき》るのか

そうです それは一番大切《いちばんたいせつ》な 原則《げんそく》でした 誰《だれ》に相談《そうだん》しなくても わかっておりました
私《わたし》も そうです
蘇我氏《そがし》でなくても 女性《じょせい》が天皇陛下《てんのうへいか》になられて 皇族以外《こうぞくいがい》の誰《だれ》かと結婚《けっこん》されたり 御子《みこ》を産《う》まれたりしたら その誰《だれ》かの即位《そくい》やその御子《みこ》の即位《そくい》で 皇統《こうとう》が切《き》れてしまうから 即位《そくい》されたあとは 独身《どくしん》で貫《つらぬ》かれたということですね
その通《とお》り
このあと 皇極天皇《こうぎょくてんのう》の時代《じだい》に 中大兄皇子《なかのおおえのおうじ》と 中臣鎌足《なかとみのかまたり》らが宮中《きゅうちゅう》で 蘇我入鹿《そがのいるか》を暗殺《あんさつ》するんだ それを機会《きかい》に皇極天皇《こうぎょくてんのう》は 弟《おとうと》の孝徳天皇《こうとくてんのう》に バトンタッチされる これが史上初《しじょうはじ》めての〝譲位《じょうい》〟だ

その孝徳天皇《こうとくてんのう》は
※1大化《たいか》の改新《かいしん》を進《すす》められたけれど
病《やまい》で崩御《ほうぎょ》されてしまう
そこで再《ふたた》び皇極天皇《こうぎょくてんのう》が
斉明天皇《さいめいてんのう》として即位《そくい》された
〈中大兄皇子《なかのおおえのおうじ》〉
〈孝徳天皇《こうとくてんのう》〉
〈中臣鎌足《なかとみのかまたり》〉
大化の改新
〈蘇我入鹿《そがのいるか》〉
推古《すいこ》、皇極《こうぎょく》・
斉明《さいめい》のお二人《ふたり》の天皇《てんのう》は
その運命《うんめい》いや天命《てんめい》を
美《うつく》しく気高《けだか》く
受容《じゅよう》されたんだ
〈斉明天皇《さいめいてんのう》〉
次《つぎ》は私《わたし》が
話《はな》すわね
持統天皇《じとうてんのう》
天智天皇《てんじてんのう》のご息女《そくじょ》だよ
史上三人目《しじょうさんにんめ》の
女性天皇《じょせいてんのう》だね
※2「万葉集《まんようしゅう》」のスターで
万葉歌人《まんようかじん》としても
有名《ゆうめい》だよ

※1 P159参照 ※2 P161参照

私《わたし》も夫《おっと》の天武天皇《てんむてんのう》が崩御《ほうぎょ》したあと皇子《みこ》の謀反《むほん》や皇太子《こうたいし》の草壁皇子《くさかべのみこ》の早世《そうせい》があったために中継《なかつ》ぎとして即位《そくい》しました
そして孫《まご》の珂瑠皇子《かるおうじ》が成長《せいちょう》したので譲位《じょうい》したのです
あら あなたも天皇《てんのう》になったの?
はい
元明天皇《げんめいてんのう》
みなさん 私《わたし》は今《いま》私《わたし》に気付《きづ》いてくださった陛下《へいか》と母《はは》の違《ちが》う妹《いもうと》です皇位《こうい》にふさわしい私《わたし》の子《こ》が成長《せいちょう》するまでやっぱり中継《なかつ》ぎで即位《そくい》しました
だけど即位《そくい》から9年《ねん》ほど経《た》った時《とき》はっきり心《こころ》と体《からだ》の衰《おとろ》えを感《かん》じ譲位《じょうい》しようとしましたがその皇子《みこ》はまだ15歳《さい》

だから更《さら》に中継《なかつ》ぎをしてもらうために私《わたし》の娘《むすめ》のこの人《ひと》に皇位《こうい》を譲《ゆず》ったのです
元正天皇《げんしょうてんのう》
その通《とお》りです
こうやって私達《わたしたち》は初代《しょだい》の天皇陛下《てんのうへいか》から真《ま》っすぐつながる父方《ちちかた》の一系《いっけい》を護《まも》ってきました
みなさま聞《き》いていただけますか？私《わたし》の時代《じだい》に初代《しょだい》の神武天皇《じんむてんのう》につながる男子《だんし》が少《すく》なくなり今《いま》は今上陛下《きんじょうへいか》の次《つぎ》の世代《せだい》の皇位継承者《こういけいしょうしゃ》としては14歳《さい》の悠仁親王殿下《ひさひとしんのうでんか》お一人《ひとり》しかいらっしゃらないんです
あら

けれど今上陛下《きんじょうへいか》と皇后陛下《こうごうへいか》の間《あいだ》には愛子内親王殿下《あいこないしんのうでんか》という素晴《すば》らしい女性《じょせい》がいらっしゃいます
国民《こくみん》の多《おお》くが愛子内親王殿下《あいこないしんのうでんか》が天皇《てんのう》に即位《そくい》すればよいという意見《いけん》ですどう思《おも》われますか？
……
孝謙天皇《※こうけんてんのう》
私《わたし》がお答《こた》えしましょう
私《わたし》の父《ちち》は天皇陛下《てんのうへいか》そして弟《おとうと》がいて皇太子《こうたいし》に立《た》てられたのところが早《はや》くに亡《な》くなってしまって母《はは》の違《ちが》う弟《おとうと》である皇子《みこ》もいらっしゃったけど母《はは》である皇后陛下《こうごうへいか》のご意志《いし》などもあって私《わたし》が女性《じょせい》として初《はじ》めて皇太子《こうたいし》になりました
そして即位《そくい》し在位《ざいい》のあいだの様々《さまざま》な体験《たいけん》から女性天皇《じょせいてんのう》が結婚《けっこん》しない理由《わけ》を知《し》りました
あなたならわかるわね
……はい

※P163参照

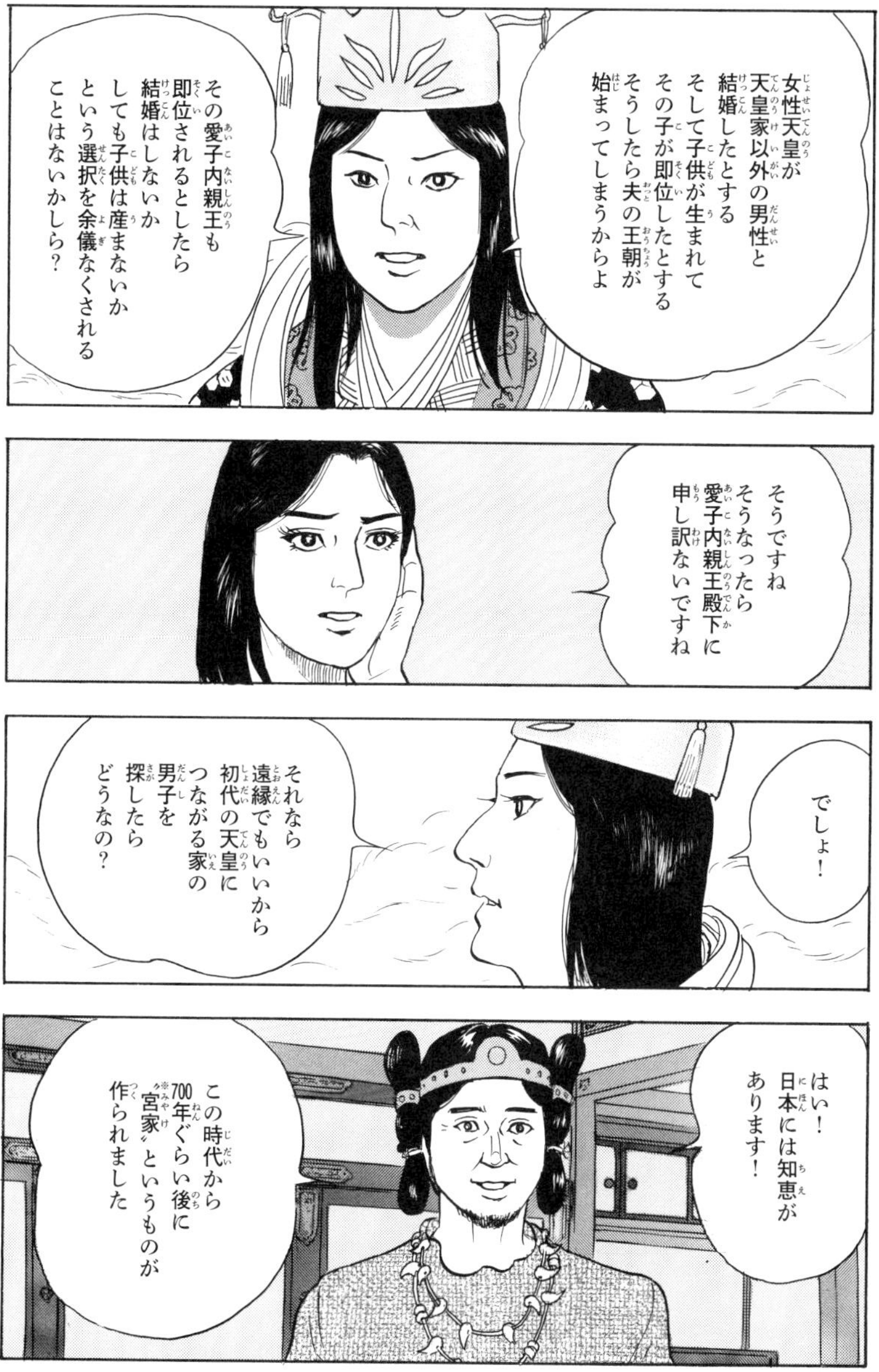
女性天皇《じょせいてんのう》が
天皇家以外《てんのうけいがい》の男性《だんせい》と
結婚《けっこん》したとする
そして子供《こども》が生《う》まれて
その子《こ》が即位《そくい》したとする
そうしたら夫《おっと》の王朝《おうちょう》が
始《はじ》まってしまうからよ
その愛子内親王《あいこないしんのう》も
即位《そくい》されるとしたら
結婚《けっこん》はしないか
しても子供《こども》は産《う》まないか
という選択《せんたく》を余儀《よぎ》なくされる
ことはないかしら？
そうですね
そうなったら
愛子内親王殿下《あいこないしんのうでんか》に
申《もう》し訳《わけ》ないですね
でしょ！
それなら
遠縁《とおえん》でもいいから
初代《しょだい》の天皇《てんのう》に
つながる家《いえ》の
男子《だんし》を
探《さが》したら
どうなの？
はい！
日本《にほん》には知恵《ちえ》が
あります！
この時代《じだい》から
700年《ねん》ぐらい後《のち》に
〝宮家《※みやけ》〟というものが
作《つく》られました

※P165参照

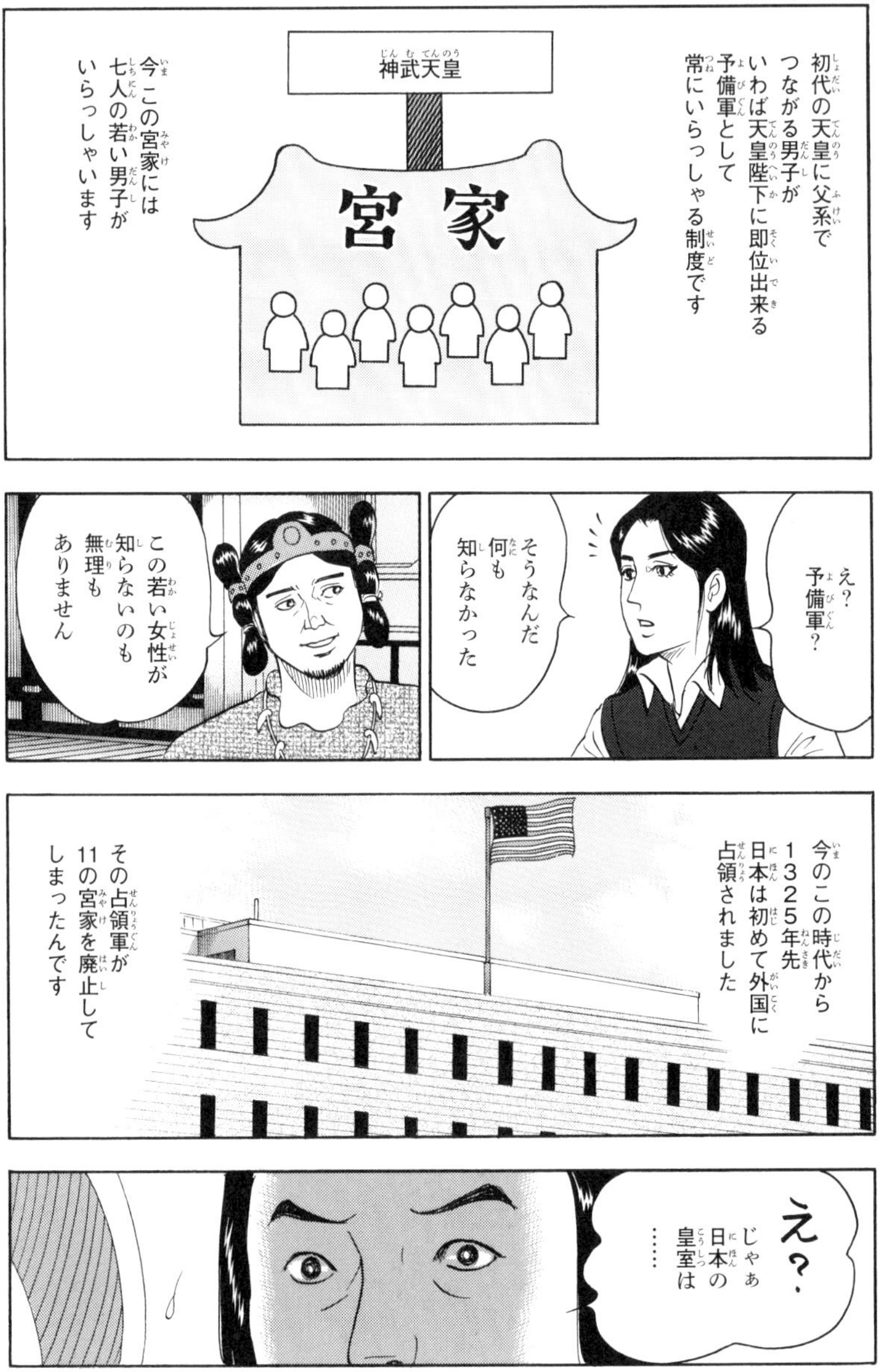
初代《しょだい》の天皇《てんのう》に父系《ふけい》でつながる男子《だんし》がいわば天皇陛下《てんのうへいか》に即位《そくい》出来《でき》る予備軍《よびぐん》として常《つね》にいらっしゃる制度《せいど》です
神武天皇《じんむてんのう》
宮家
今《いま》この宮家《みやけ》には七人《しちにん》の若《わか》い男子《だんし》がいらっしゃいます
え？予備軍《よびぐん》？
そうなんだ何《なに》も知《し》らなかった
この若《わか》い女性《じょせい》が知《し》らないのも無理《むり》もありません
今《いま》のこの時代《じだい》から1325年先《ねんさき》日本《にほん》は初《はじ》めて外国《がいこく》に占領《せんりょう》されました
その占領軍《せんりょうぐん》が11の宮家《みやけ》を廃止《はいし》してしまったんです
え？じゃあ日本《にほん》の皇室《こうしつ》は……

ご安心下《あんしんくだ》さい
占領《せんりょう》はわずか
7年《ねん》で終《お》わりました
皇室《こうしつ》は全《すべ》て
ほころびなく
続《つづ》いております
ホッ
初代天皇《しょだいてんのう》の即位《そくい》から
今《いま》の私達《わたしたち》の時代《じだい》まで
2680年《ねん》です
それを考《かんが》えれば
7年《ねん》は短《みじか》い間《あいだ》でした
占領《せんりょう》していた
アメリカという若《わか》い国《くに》とも
今《いま》は仲良《なかよ》くしていて
アメリカの大統領《だいとうりょう》や国民《こくみん》も
日本《にほん》の天皇陛下《てんのうへいか》を
とても尊敬《そんけい》しています
それなら
その宮家《みやけ》を
元《もと》に戻《もど》して
宮家《みやけ》から
天皇陛下《てんのうへいか》を
たてることも
出来《でき》るのでは？
あ そうです
よね！
2700年近《ねんちか》くも
続《つづ》いている
万世一系《ばんせいいっけい》を護《まも》る
ことは とっても
大切《たいせつ》だと思《おも》う
無《な》くしてしまったら
日本《にほん》の民《たみ》が
どんなに不安《ふあん》に
なるか……
永《なが》い伝統《でんとう》を
その時代《じだい》だけの
価値観《かちかん》で変える
のは
違《ちが》うのでは
ないかしら

では そろそろ おいとま しようか……
はい！
万世一系《ばんせいいっけい》が あなた達《たち》の時代《じだい》まで ずっと続《つづ》いているなんて 嬉《うれ》しいわ…… ありがとう
こちらこそ かけがえのない 大切《たいせつ》なお話《はなし》を戴《いただ》き 誠《まこと》にありがとう ございました

戻《もど》った
どうだった?
女性天皇《じょせいてんのう》は全員《ぜんいん》強靭《きょうじん》な意思《いし》を持《も》たれて神武天皇《じんむてんのう》からの一系統《いちけいとう》を護《まも》られたのですね女性差別《じょせいさべつ》と思《おも》われるどころか高《たか》い誇《ほこ》りをお持《も》ちでいらっしゃった!
みなさんご自身《じしん》が父方《ちちかた》を通《つう》じて初代天皇《しょだいてんのう》に直系《ちょっけい》でつながっているという意識《いしき》をお持《も》ちだからお強《つよ》い!

第四章《だいよんしょう》

旧宮家《きゅうみやけ》って何《なに》

永峯家《ながみねけ》

クローズアップニッポンのお時間《じかん》です
クローズアップニッポン

おやっと
新型《しんがた》コロナウイルス
以外《いがい》のニュースも
やるように
なったね
※立皇嗣《りっこうし》の礼《れい》も
ずいぶん
延《の》びたけど
無事《ぶじ》に
行《おこな》われたもんね
立皇嗣《りっこうし》の礼《れい》の
皇嗣《こうし》って
何《なん》だっけ？
皇位継承《こういけいしょう》の
第一位《だいいちい》の皇族《こうぞく》のこと
じゃなかったかな
そう 普通《ふつう》は皇太子《こうたいし》
つまり天皇陛下《てんのうへいか》の
お子《こ》さまだけど
今上陛下《きんじょうへいか》には
愛子内親王殿下《あいこないしんのうでんか》だけで
男子《だんし》はいらっしゃらないから
今上陛下《きんじょうへいか》の弟君《おとうとぎみ》の
秋篠宮殿下《あきしののみやでんか》が
皇位継承《こういけいしょう》の第一位《だいいちい》
だから政府《せいふ》が皇嗣《こうし》って
お呼《よ》びすることにしたのね
立皇嗣《りっこうし》の礼《れい》は
秋篠宮殿下《あきしののみやでんか》が
そのようになられたことを
国《くに》の内外《ないがい》に示《しめ》す儀式《ぎしき》だけど
新型《しんがた》コロナウイルスの
感染拡大《かんせんかくだい》で延期《えんき》されていたの
すごいね
あかりは
そんでさ 秋篠宮殿下《あきしののみやでんか》は
今上陛下《きんじょうへいか》と世代《せだい》が
近《ちか》くていらっしゃるから
現実《げんじつ》に次《つぎ》の天皇陛下《てんのうへいか》に
即位《そくい》されるのは
皇位継承権第二位《こういけいしょうけんだいにい》
秋篠宮殿下《あきしののみやでんか》のお子《こ》さまの
悠仁親王殿下《ひさひとしんのうでんか》じゃ
ないかって
見《み》られているわけ

※P169参照

だけどさ 何《なん》で男《おとこ》の子《こ》じゃないといけないの？
皇室典範《こうしつてんぱん》という皇室《こうしつ》に関《かん》する特別《とくべつ》の法律《ほうりつ》があるって話《はなし》前《まえ》にしたよね その最初《さいしょ》に『皇位《こうい》は皇統《こうとう》に属《ぞく》する男系《だんけい》の男子《だんし》がこれを継承《けいしょう》する』って書《か》いてあるよ
皇室典範《こうしつてんぱん》も法律《ほうりつ》なんだから変《か》えればいいんじゃない？
その通《とお》りだけど皇室典範《こうしつてんぱん》に書《か》いてあるから男子《だんし》なんじゃなくて男子《だんし》でないと神武天皇《じんむてんのう》から続《つづ》く一系統《いっけいとう》が切《き》れてしまうからなのよ
でも次《つぎ》の天皇陛下《てんのうへいか》は愛子《あいこ》さまよね
世論調査《よろんちょうさ》でも圧倒的《あっとうてき》に愛子《あいこ》さまらしいわよ
お母《かあ》さん“愛子《あいこ》さま”じゃなくて愛子内親王殿下《あいこないしんのうでんか》って言《い》ったでしょ！
おお恐《こわ》！

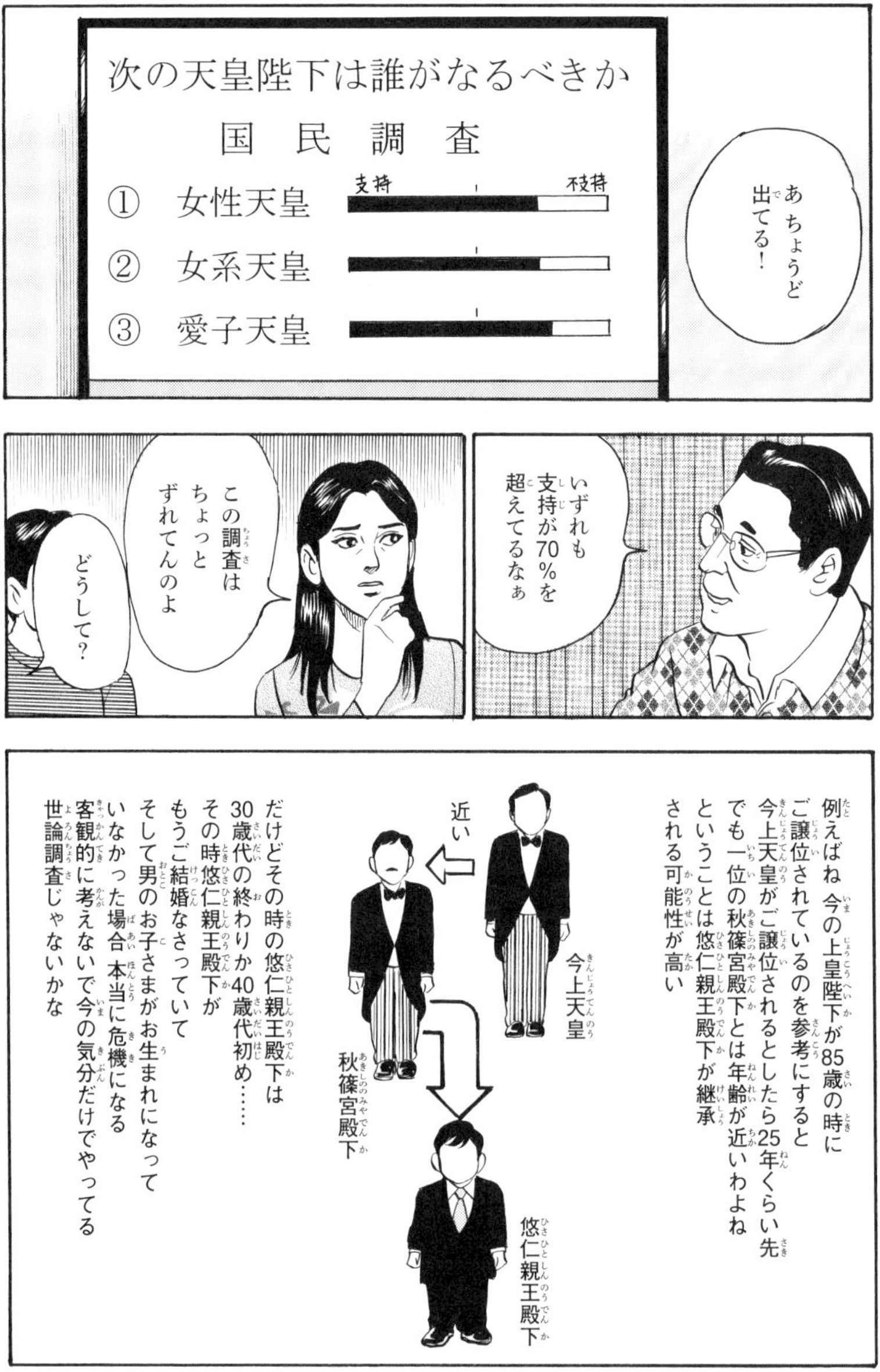
次の天皇陛下は誰がなるべきか
国民調査
支持
不支持
① 女性天皇
② 女系天皇
③ 愛子天皇
あちょうど出《で》てる！
いずれも支持《しじ》が70％を超《こ》えてるなぁ
この調査《ちょうさ》はちょっとずれてんのよ
どうして？
例《たと》えばね 今《いま》の上皇陛下《じょうこうへいか》が85歳《さい》の時《とき》にご譲位《じょうい》されているのを参考《さんこう》にすると今上天皇《きんじょうてんのう》がご譲位《じょうい》されるとしたら25年《ねん》くらい先《さき》でも一位《いちい》の秋篠宮殿下《あきしののみやでんか》とは年齢《ねんれい》が近《ちか》いわよねということは悠仁親王殿下《ひさひとしんのうでんか》が継承《けいしょう》される可能性《かのうせい》が高《たか》い
今上天皇《きんじょうてんのう》
近い
秋篠宮殿下《あきしののみやでんか》
悠仁親王殿下《ひさひとしんのうでんか》
だけどその時《とき》の悠仁親王殿下《ひさひとしんのうでんか》は30歳代《さいだい》の終《お》わりか40歳代初《さいだいはじ》め……その時悠仁親王殿下《ときひさひとしんのうでんか》がもうご結婚《けっこん》なさっていてそして男《おとこ》のお子《こ》さまがお生《う》まれになっていなかった場合《ばあい》 本当《ほんとう》に危機《きき》になる客観的《きゃっかんてき》に考《かんが》えないで今《いま》の気分《きぶん》だけでやってる世論調査《よろんちょうさ》じゃないかな

え？何《なに》？次《つぎ》の天皇陛下《てんのうへいか》は愛子《あいこ》さまじゃないことで決《き》まりなの？
と言《い》うか何《なん》で男《おとこ》の子《こ》が生《う》まれない時《とき》だけ問題《もんだい》なの？男《おとこ》の子《こ》じゃないといけないの？
さっきも言《い》ったじゃない！女性天皇《じょせいてんのう》でもいいんだけどその女性天皇《じょせいてんのう》の結婚相手《けっこんあいて》が問題《もんだい》なの！今《いま》の皇族《こうぞく》は 皆近《みなちか》い親戚《しんせき》だから結婚《けっこん》されるとしたら皇室以外《こうしついがい》の男性《だんせい》よね
そうなると そのあと男《おとこ》のお子《こ》さまがお生《う》まれになったとしてもそのお子《こ》さまはこれまでずっと続《つづ》いていた神武天皇以来《じんむてんのういらい》の父系《ふけい》ではなくなっていてその違《ちが》うお父《とう》さま家系《かけい》の男子《だんし》になるってわけよ
父系《ふけい》……
そう 男系《だんけい》とか女系《じょけい》とか言《い》うと誤解《ごかい》されやすいけど皇室《こうしつ》は万世一系《ばんせいいっけい》 父《ちち》を辿《たど》れば初代神武天皇《しょだいじんむてんのう》に行《い》きつくから父系《ふけい》なのよ
父親《ちちおや》が変《か》わるとそれが途絶《とだ》えてしまう別《べつ》の王朝《おうちょう》になってしまうのよ

あーそうなのか
女性《じょせい》天皇《てんのう》なら
いいけど
女系《じょけい》天皇《てんのう》じゃ
ダメなんだ

そう！
お父《とう》さん さすが
わかってる!!

女性天皇《じょせいてんのう》も女系天皇《じょけいてんのう》も
承認《しょうにん》する？

あ これ
小泉《こいずみ》さんが
やったんだよ！

平成《へいせい》17年秋《ねんあき》、小泉純一郎総理《こいずみじゅんいちろうそうり》の※「皇室典範《こうしつてんぱん》に関《かん》する有識者会議《ゆうしきしゃかいぎ》」が、女性天皇《じょせいてんのう》のみならず女系天皇容認《じょけいてんのうようにん》を打《う》ち出《だ》した。しかし秋篠宮紀子妃殿下《あきしののみやきこひでんか》が悠仁親王殿下《ひさひとしんのうでんか》を出産《しゅっさん》され、いったん話《はなし》は止《と》まっている。それでも、日本《にほん》の伝統《でんとう》を覆《くつがえ》して女系《じょけい》・母《ぼ》系天皇《けいてんのう》をつくる動《うご》きが絶《た》えない

私《わたし》たち国民《こくみん》に
きちんと知《し》らせないまま
学校《がっこう》でも教《おし》えないまま
何《なん》でこんな話《はなし》
進《すす》めちゃうの？
変《へん》だわよ
だよね

※P170参照

※P173参照

ここはね
奇蹟《きせき》みたいな
場所《ばしょ》だよ
※第《だい》26代《だい》継体天皇《けいたいてんのう》の
ご陵《りょう》だけど
宮内《くない》庁が陵《みささぎ》と
認定《にんてい》していないから
誰《だれ》でも入《はい》れるんだ
ここに葬《ほうむ》られている
継体天皇《けいたいてんのう》は
異色《いしょく》の天皇陛下《てんのうへいか》だよ
こんなにたくさんの埴輪《はにわ》が
一緒《いっしょ》に葬《ほうむ》られているんだから
大《おお》きな力《ちから》があったんでしょうね
その通《とお》り
でもそれだけじゃない
武烈天皇《ぶれつてんのう》の継承者《けいしょうしゃ》が
いなくなった時《とき》に
今《いま》の福井県《ふくいけん》から
招《まね》かれた天皇《てんのう》なんだ
ええ？
招《まね》かれた？

※P174参照

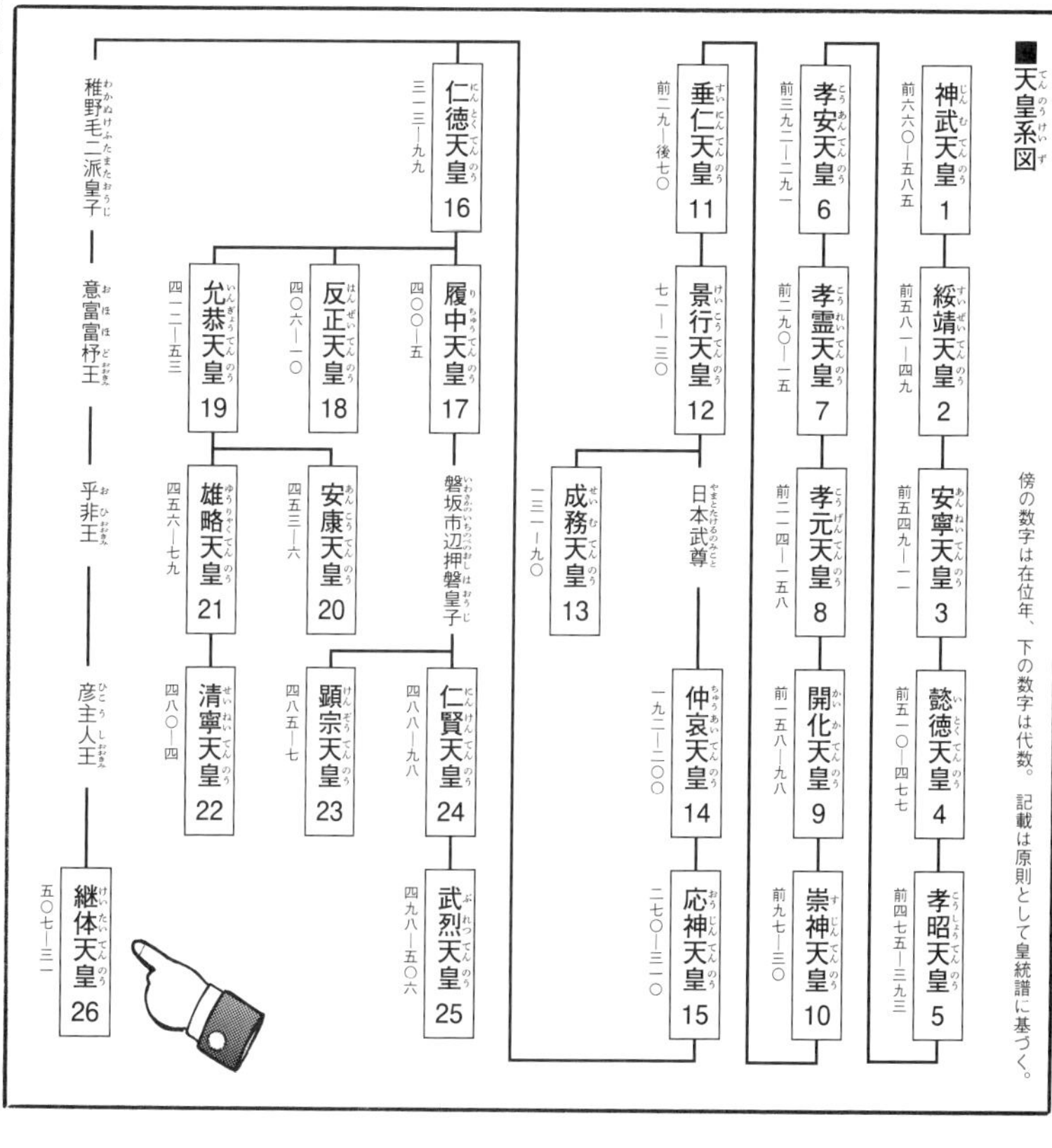

※来孫（らいそん）……ひ孫の次の玄孫（やしゃご）のさらに次の孫。皇族の場合は五世孫（いつつぎのみこ）とも言う

もう わかったよね
大切《たいせつ》なことは
二《ふた》つある
一《ひと》つは古墳《こふん》時代《じだい》にすでに
天皇陛下《てんのうへいか》の次期候補《じきこうほ》で
困《こま》ったときがあった
もう一《ひと》つは その時代《じだい》でも
ちゃんと知恵《ちえ》を出《だ》して
父系《ふけい》を守《まも》ってきた
だから今《いま》
あわてて変《か》わったことを
する必要《ひつよう》はない
女系母系《じょけいぼけい》に
変《か》えようとする前《まえ》に
過去《かこ》に学《まな》べばいい
ということだよ

私《わたし》けっこうたくさん調《しら》べたの
知《し》ってるよ あれからも図書館《としょかん》で過去《かこ》の新聞《しんぶん》記事《きじ》や雑誌《ざっし》記事《きじ》を熱心《ねっしん》に調《しら》べていたね
うん 春暁《しゅんぎょう》もね
あかり先輩《せんぱい》がそんなに知《し》りたいなら俺《おれ》も知《し》りたくなっちゃったからね
調《しら》べたら小泉総理《こいずみそうり》の時《とき》に官房副長官《かんぼうふくちょうかん》だったお役人《やくにん》が最近《さいきん》の産経新聞《さんけいしんぶん》のインタビュー記事《きじ》で言《い》ってた
「昔《むかし》は天皇陛下《てんのうへいか》に側室《そくしつ》がいたけど今《いま》はいない だから女性天皇《じょせいてんのう》や女系天皇《じょけいてんのう》も認《みと》めないと天皇陛下《てんのうへいか》のなり手《て》がいなくなる」って
それは昔《むかし》からよく言《い》われる俗説《ぞくせつ》だね
俗説《ぞくせつ》……

側室《そくしつ》とは本来《ほんらい》は武家《ぶけ》の言葉《ことば》
天皇陛下《てんのうへいか》の場合《ばあい》は
皇后陛下《こうごうへいか》以外《いがい》の女性《じょせい》を
※妃《ひ》と言《い》ったんだ
明治《めいじ》までは確《たし》かに
この妃《きさき》がたくさんいらっしゃった
しかし現《げん》に 古墳時代《こふんじだい》に
すでに天皇《てんのう》のなり手《て》が
絶《た》えようとしたからこそ
遠《とお》くの父系《ふけい》の男子《だんし》を
探《さが》しに行《い》って
見《み》つかった男子《だんし》が
継体天皇《けいたいてんのう》となられ
この陵《りょう》に葬《ほうむ》られている
継体天皇《けいたいてんのう》……
この時代《じだい》はもちろん
妃《きさき》はたくさんいらっしゃった
それでも起《お》きた危機《きき》は同《おな》じさ
神武天皇《じんむてんのう》につながる男子《だんし》が
お生《う》まれにならなければ
皇統《こうとう》はいつでも危機《きき》に陥《おちい》る

※P176参照

私《わたし》会《あ》いに行《い》きたい!!
え 誰《だれ》に？
もちろん 継体天皇《けいたいてんのう》！
は？ 何《なに》言《い》ってんの 1500年前《ねんまえ》だよ 会《あ》えるわけがないだろ
それがね……
OK
紀《のり》さんに不思議《ふしぎ》な力《ちから》があるの
春暁君《しゅんぎょうくん》 きみは陸上部《りくじょうぶ》だったよね 私《わたし》のこの手《て》を跳《と》び越《こ》えられるか？

跳《と》べると思《おも》うけど でも正面跳《しょうめんと》びでは 無理《むり》かな
ううん 背面跳《はいめんと》びで いいの
えーッ 首《くび》が折《お》れちゃうよ
大丈夫《だいじょうぶ》!! あの手《て》の上《うえ》を 跳《と》び越《こ》えると 古代《こだい》にタイムワープ するの!
わたしから 行《い》くわよ

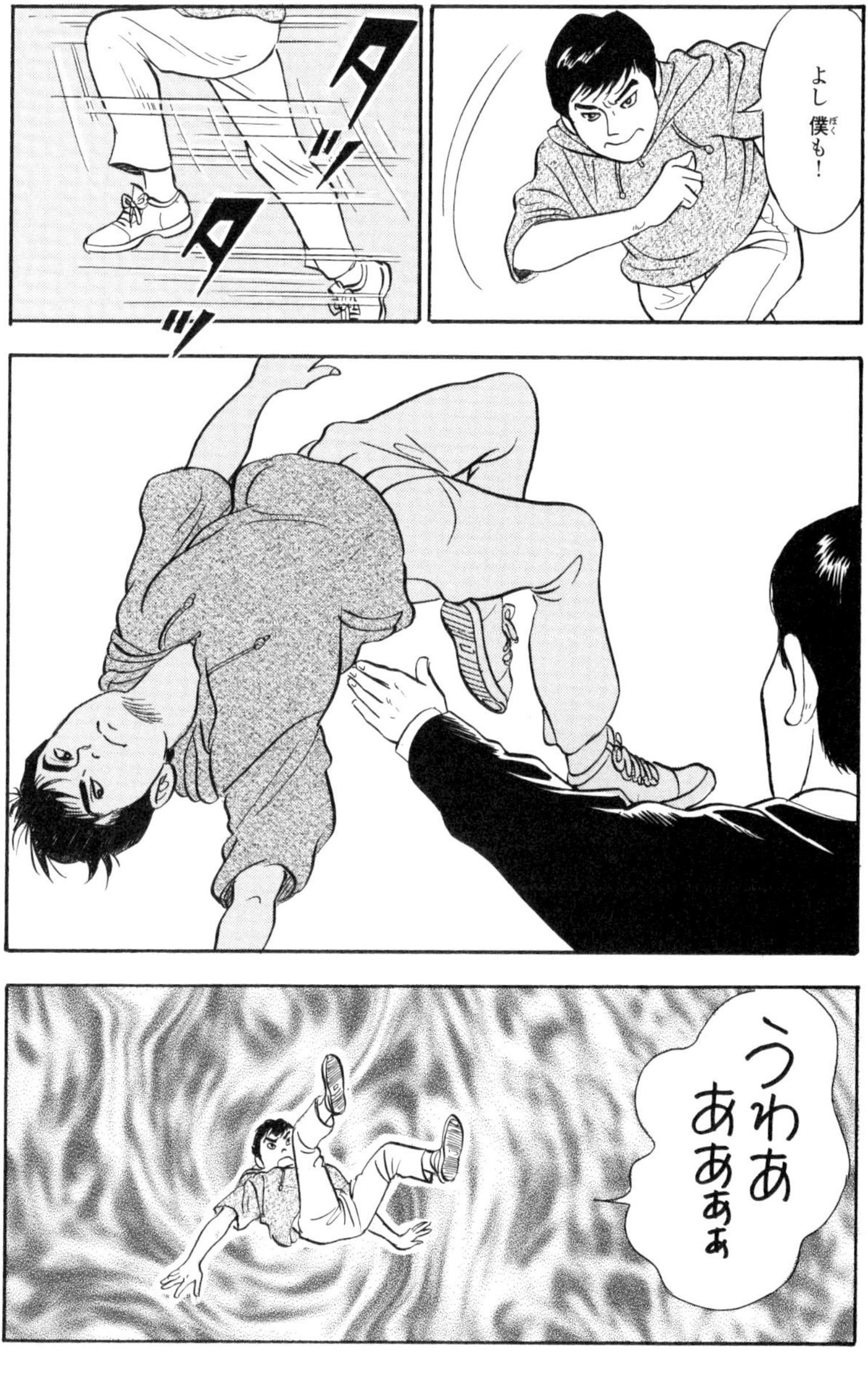
よし 僕《ぼく》も！
タッ
タッ
うわあああぁ

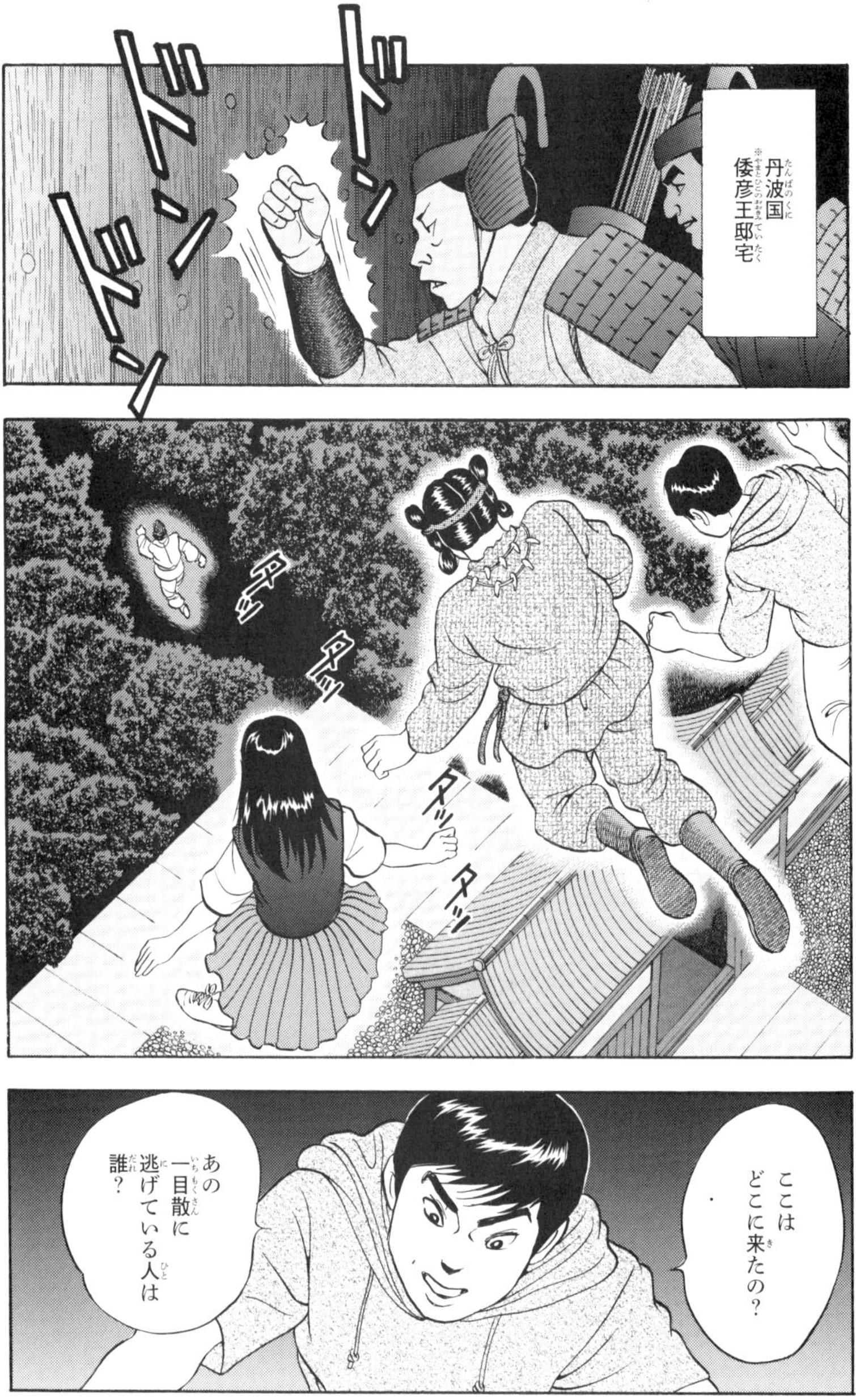
丹波国《たんばのくに》
※倭彦王邸宅《やまとひこのおおきみていたく》
タッ
タッ
タッ
タッ
ここは
どこに来《き》たの？
あの
一目散《いちもくさん》に
逃《に》げている人《ひと》は
誰《だれ》？

※P178参照

倭彦王《やまとひこのおおきみ》だよ
第《だい》14代《だい》仲哀天皇《ちゅうあいてんのう》の5世《せい》の孫《まご》でもあられる方《かた》だ
どうしてお逃《に》げになってるの?
門《もん》を叩《たた》いているのは大和朝廷《やまとちょうてい》から送《おく》りこまれた兵士《へいし》たちだ
先帝《せんてい》に男子《だんし》がいらっしゃらないから神武天皇《じんむてんのう》につながる男子《だんし》を探《さが》して迎《むか》えに来《き》たんだけどね……
責任《せきにん》が怖《こわ》くて逃《に》げちゃったのかなぁ
そうかもね

つまり
どんな無理《むり》をしても
父系《ふけい》の男子《だんし》を捜《さが》す！
そのために
先人《せんじん》は こんな努力《どりょく》を
してきた
大和《やまと》朝廷《ちょうてい》

※大伴金村《おおとものかなむら》
物部麁鹿火《もののべのあらかい》
まさか
お逃《に》げになるとは
……
いったいどうすれば
よいのか……
いや かえって良《よ》かった
かもしれない
倭彦王《やまとひこのおおきみ》より
とても評判《ひょうばん》のいい御方《おかた》が
越前《えちぜん》にいらっしゃる
ということを聞《き》いた
ほう
それは？
応神天皇《おうじんてんのう》の
五世孫《いつつぎのみこ》の
男大迹王《おおどのおおきみ》
だよ

※P179参照

男大迹王《おおどのおおきみ》……
その方《かた》が後《のち》の継体天皇《けいたいてんのう》なのね
そうだ
「私《わたし》も実《じつ》は聞《き》いている 10代前《だいまえ》の応神天皇《おうじんてんのう》の遠縁《とおえん》だね 親等《しんとう》はずいぶん離《はな》れて いらっしゃるが 神武天皇《じんむてんのう》につながって おられる限《かぎ》り ほんとうは問題《もんだい》ない」
「今《いま》治《おさ》めていらっしゃる 越前《えちぜん》では 大《おお》きな治水事業《ちすいじぎょう》をされて 産業《さんぎょう》も興《おこ》され 民《たみ》に慕《した》われて おられると聞《き》く」
「情深《なさけぶか》く 親孝行《おやこうこう》とのこと そこも肝心《かんじん》だ」
「よし男大迹王《おおどのおおきみ》がいらっしゃる 北陸路《ほくりくじ》へ行《い》こう」

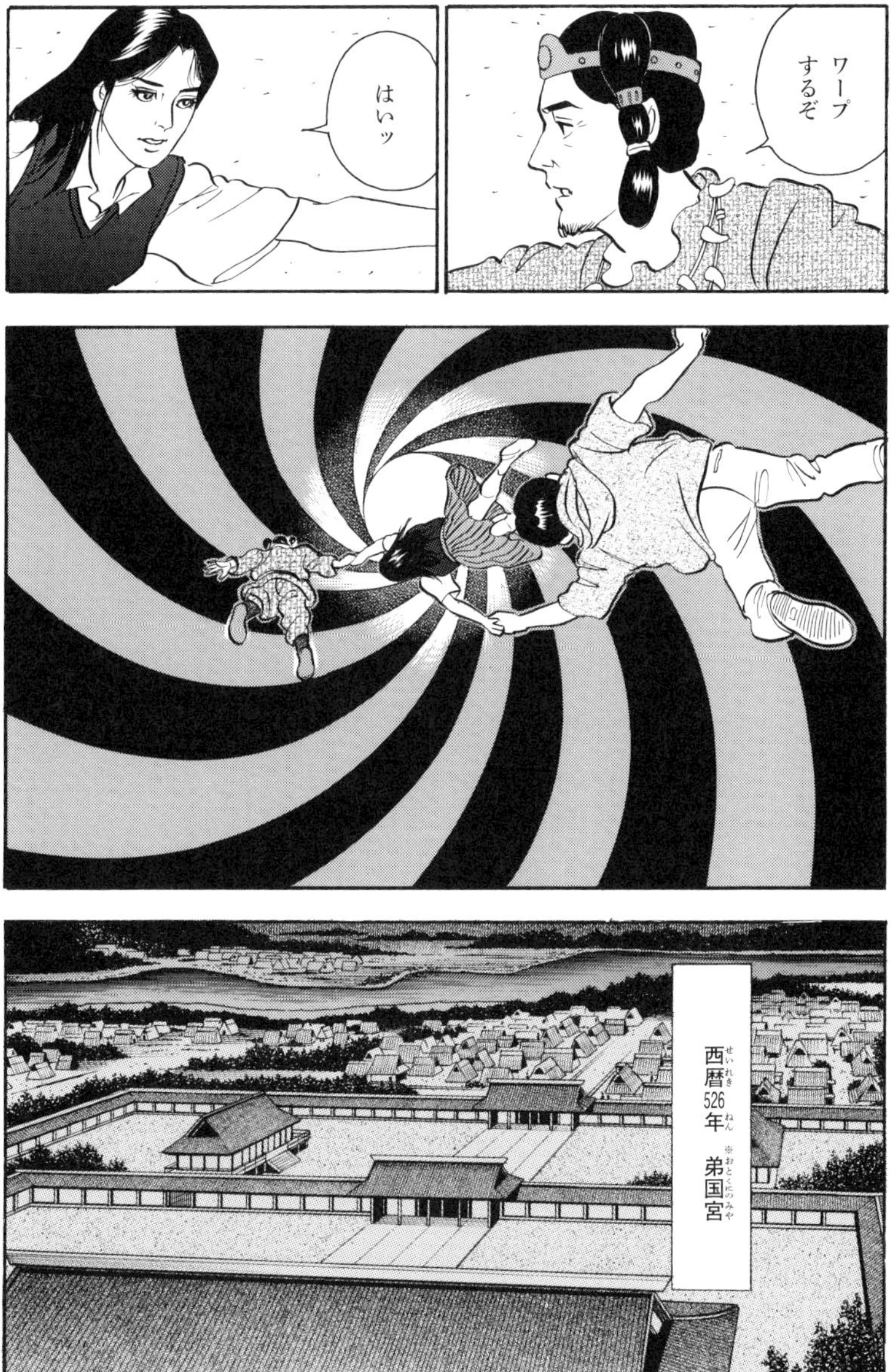

※P181参照

ここはどこ？
淀川《よどがわ》流域《りゅういき》の弟国宮《おとくにのみや》だよ継体天皇《けいたいてんのう》が即位《そくい》されて作《つく》られた三《みっ》つめの宮殿《きゅうでん》だ
淀川《よどがわ》？
じゃ越前《えちぜん》の国《くに》じゃなくてここは大阪《おおさか》に近《ちか》いところね
継体天皇《けいたいてんのう》のことがいちばんよくわかる場所《ばしょ》に来《き》たんだよ今《いま》は西暦《せいれき》で言《い》えば526年《ねん》……

継体天皇《けいたいてんのう》が 大伴《おおとも》さんや物部《もののべ》さんの説得《せっとく》を聞《き》き入《い》れて即位《そくい》されたのは57歳《さい》 それからもう19年《ねん》が経《た》っている
しかし大和《やまと》には入《はい》らず この淀川近《よどがわちか》くに 樟葉宮《くずはのみや》 筒城宮《つつきのみや》 そして この弟国宮《おとくにのみや》と 三《みっ》つの拠点《きょてん》を作《つく》ってこられたんだ
じゃ もう76歳《さい》に なられたってこと? 何故《なぜ》 大和《やまと》でなく ここに……?
継体天皇《けいたいてんのう》は 今《いま》 126代《だい》の歴代天皇《れきだいてんのう》の 中《なか》でも大変《たいへん》に賢《かしこ》い 陛下《へいか》のお一人《ひとり》と 考《かんが》えられているよ
遠縁《とおえん》だからという理由《りゆう》で 即位《そくい》に反対《はんたい》していた豪族《ごうぞく》が 大和《やまと》に多《おお》くいたんだ
だから 争《あらそ》いになることを避《さ》けて 大和《やまと》へ入《はい》られなかった

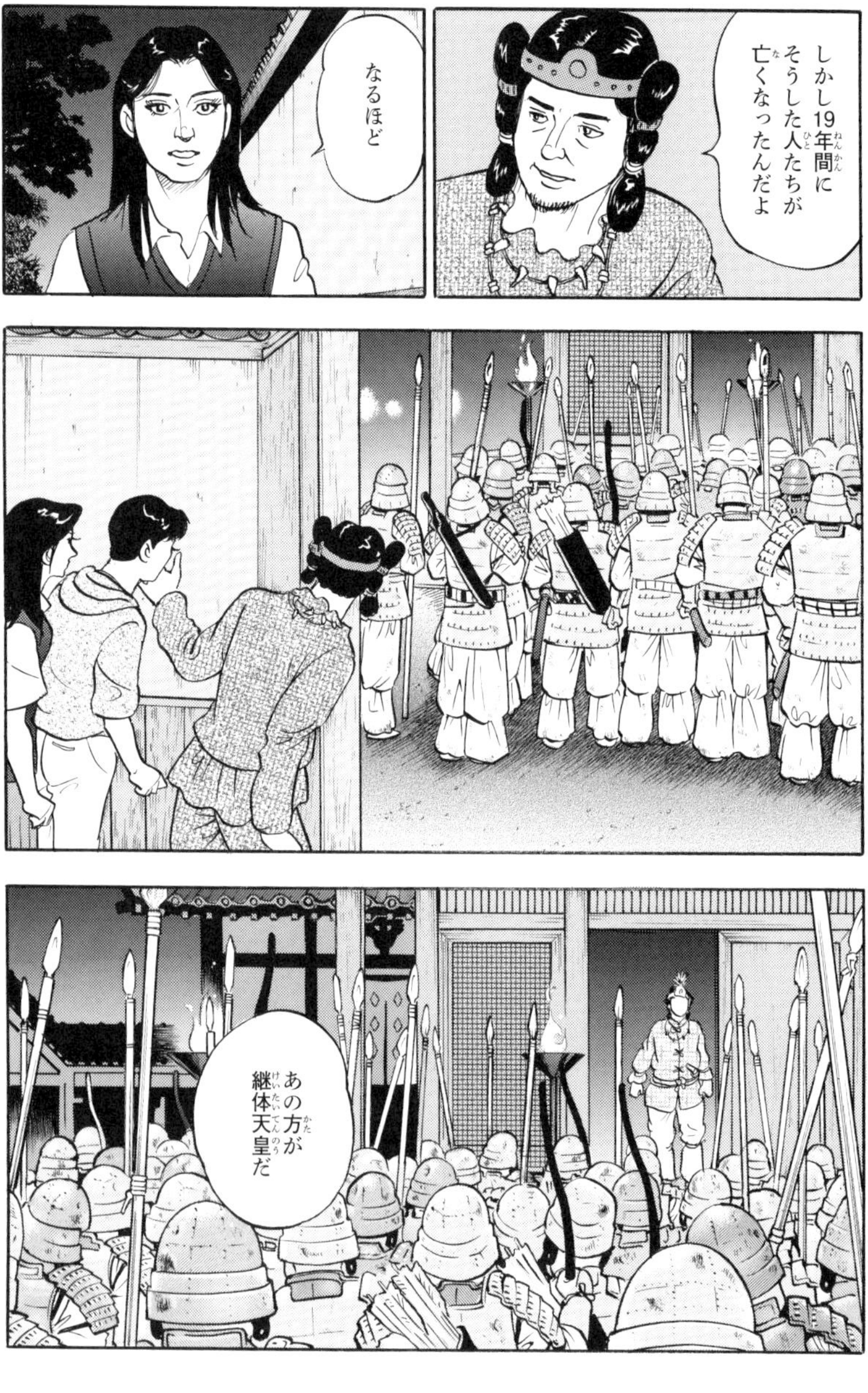
しかし19年間《ねんかん》に そうした人《ひと》たちが 亡《な》くなったんだよ
なるほど
あの方《かた》が 継体天皇《けいたいてんのう》だ

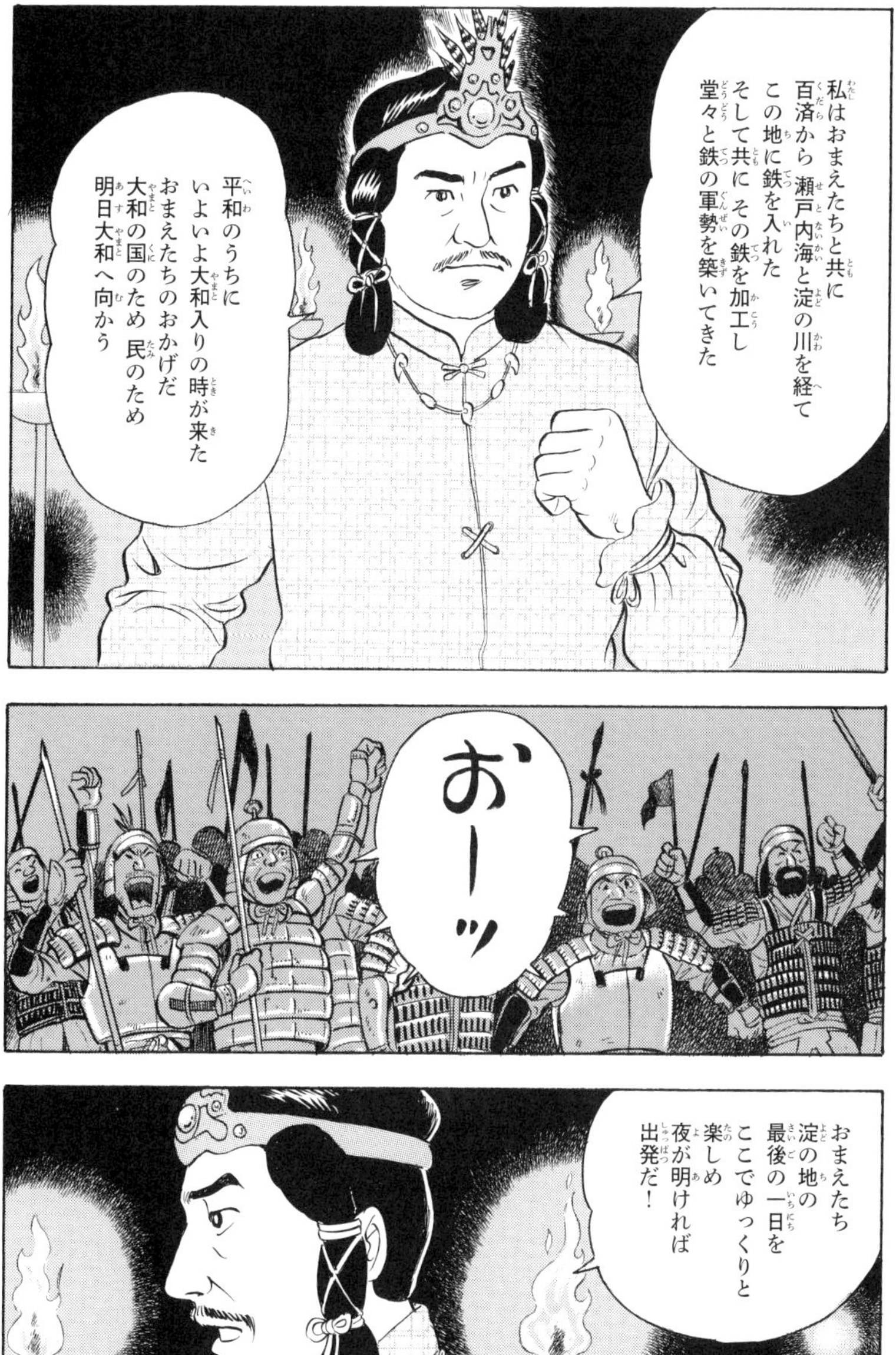
私《わたし》はおまえたちと共《とも》に
百済《くだら》から 瀬戸内海《せとないかい》と淀《よど》の川《かわ》を経《へ》て
この地《ち》に鉄《てつ》を入《い》れた
そして共《とも》に その鉄《てつ》を加工《かこう》し
堂々《どうどう》と鉄《てつ》の軍勢《ぐんぜい》を築《きず》いてきた
平和《へいわ》のうちに
いよいよ大和《やまと》入りの時《とき》が来《き》た
おまえたちのおかげだ
大和《やまと》の国《くに》のため 民《たみ》のため
明日《あす》大和《やまと》へ向《む》かう
おーッ
おまえたち
淀《よど》の地《ち》の
最後《さいご》の一日《いちにち》を
ここでゆっくりと
楽《たの》しめ
夜《よ》が明《あ》ければ
出発《しゅっぱつ》だ！

おお 予感《よかん》の
三人《さんにん》が現《あらわ》れたな
待《ま》っていたぞ
陛下《へいか》 一《ひと》つだけ
未来《みらい》から来《き》た
この日本女子《にほんじょし》の問《と》いに
答《こた》えて下《くだ》さいませんか？

それも予感《よかん》していた
何《なん》なりと
陛下《へいか》は越前国《えちぜんのくに》を愛《あい》していらっしゃったのではないでしょうか
それなのに何故《なぜ》19年《ねん》の間《あいだ》大和《やまと》入《い》りをなさらない苦労《くろう》をされてまで即位《そくい》されたのでしょうか?
……
民《たみ》を護《まも》り 民《たみ》のために己《おのれ》を捨《す》てて祈《いの》る者《もの》は ただ一人《ひとり》である 時《とき》を超《こ》えて 血《ち》をつなぐ者《もの》だけだ そういうわけで即位《そくい》を強《つよ》く請《こ》われれば断《ことわ》り続《つづ》けるわけにはいかなかった

陛下《へいか》！陛下《へいか》の志《こころざし》がやがて次《つぎ》の飛鳥《あすか》と呼《よ》ばれる時代《じだい》につながってまいります
うむわかっておる
私《わたし》はあと5年《ねん》で隠《かく》れることになり次《つぎ》につなぐであろう
戻《もど》ろうか
はい！

エピローグ

わかったのは令和《れいわ》の時代《じだい》には父系《ふけい》の血《ち》をつなぐ方《かた》がわずかしかいらっしゃらないことよね
これから私《わたし》たちもどこかに探《さが》しに行《い》かなきゃならないのかな
先輩《せんぱい》 僕《ぼく》が何故《なぜ》苗字《みょうじ》を呼《よ》ばれるのを避《さ》けてきたのか知《し》らないよね
うん 前《まえ》から思《おも》っていたけど春暁《しゅんぎょう》は そこだけが変《へん》

隠《かく》していたけど……
僕《ぼく》の父《ちち》はあの継体天皇《けいたいてんのう》の子孫《しそん》だよ
え!?
先輩《せんぱい》は日本《にほん》に宮家《みやけ》というものがあるのを知《し》っているよね
もちろんよ紀《のり》さんにくわしく教《おし》えてもらったから
75年前《ねんまえ》日本《にほん》が戦争《せんそう》に負《ま》けた時《とき》GHQが11の宮家《みやけ》を潰《つぶ》して僕《ぼく》の家《いえ》も含《ふく》めて普通《ふつう》の家《いえ》にした
けれどもおじいちゃん達《たち》は※菊栄親睦会《きくえいしんぼくかい》というのを作《つく》って皇族《こうぞく》に残《のこ》った方々《かたがた》と交流《こうりゅう》を絶《た》やさないで来《き》たんだいつかはお役《やく》に立《た》たねばならないからさ

※P184参照

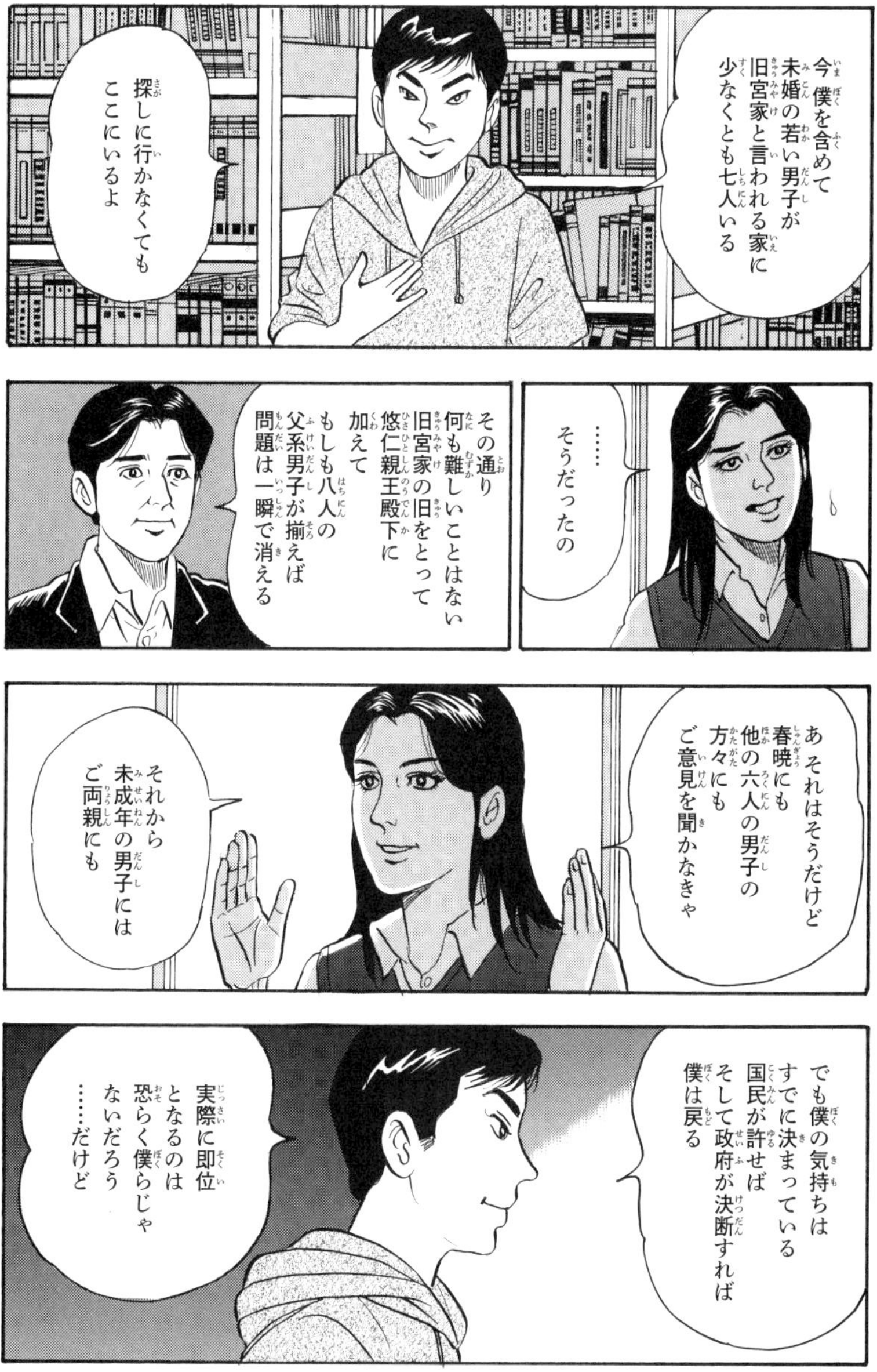
今《いま》 僕《ぼく》を含《ふく》めて未婚《みこん》の若《わか》い男子《だんし》が旧宮家《きゅうみやけ》と言《い》われる家《いえ》に少《すく》なくとも七人《しちにん》いる
探《さが》しに行《い》かなくてもここにいるよ
……そうだったの
その通《とお》り何《なに》も難《むずか》しいことはない旧宮家《きゅうみやけ》の旧《きゅう》をとって悠仁親王殿下《ひさひとしんのうでんか》に加《くわ》えてもしも八人《はちにん》の父系男子《ふけいだんし》が揃《そろ》えば問題《もんだい》は一瞬《いっしゅん》で消《き》える
あそれはそうだけど春暁《しゅんぎょう》にも他《ほか》の六人《ろくにん》の男子《だんし》の方々《かたがた》にもご意見《いけん》を聞《き》かなきゃ
それから未成年《みせいねん》の男子《だんし》にはご両親《りょうしん》にも
でも僕《ぼく》の気持《きも》ちはすでに決《き》まっている国民《こくみん》が許《ゆる》せばそして政府《せいふ》が決断《けつだん》すれば僕《ぼく》は戻《もど》る
実際《じっさい》に即位《そくい》となるのは恐《おそ》らく僕《ぼく》らじゃないだろう……だけど

僕《ぼく》らの世代《せだい》が宮家《みやけ》に戻《もど》ってそこから生《う》まれる子供《こども》たちは赤《あか》ちゃんの時《とき》から皇族《こうぞく》として育《そだ》つんだ
実際《じっさい》に即位《そくい》する可能性《かのうせい》があるのはその世代《せだい》だよその世代《せだい》は日本《にほん》の帝王学《ていおうがく》を学《まな》んで育《そだ》つ
春暁《しゅんぎょう》 自分《じぶん》の未来《みらい》の子供《こども》たちまで含《ふく》めて日本《にほん》のために責任《せきにん》を負《お》う覚悟《かくご》なのね
そして紀《のり》さんあなたは皇子《みこ》ですねそれも天皇《てんのう》に即位《そくい》はされなかった皇子《みこ》天皇《てんのう》のあり方《かた》を僕《ぼく》たちに教《おし》えてくれるためにこの世《よ》に現《あら》われた人《ひと》……
……！
即位《そくい》はせずともただ民《たみ》のためにという気持《きも》ちは同《おな》じだよ
日本《にほん》はいつでも民《たみ》のための祈《いの》りに護《まも》られている

君《きみ》たちに会《あ》えて
よかった
フッ
そうだったんだ
……
紀《のり》さん
ありがとう
本当《ほんとう》に
ありがとう
いつの日《ひ》か
また逢《あ》えると
いいね
完

『誰があなたを護るのか
——不安の時代の皇《すめらぎ》』
解説

記：編集部
監修：青山繁晴、新田均
改訂：青山繁晴

※注　文中、歴史上の天皇や皇族については敬語を簡素化しますが、現代については敬語を徹底しています

プロローグ　天皇陛下って？

●**京都御所**《きょうとごしょ》――――――P17

天皇陛下のお住まいであり、かつ儀式・公務を執り行う場所といえば、誰しもが東京都千代田区にある皇居を思い浮かべることでしょう。

しかし、東京に天皇陛下がお住まいになられたのは明治維新になってから。すなわち明治二年、西暦一八六九年です。それまで、天皇が居住し儀式・公務を執り行った場所（内裏《だいり》あるいは禁裏《きんり》）である御所は、京都にありました。現皇居は、それまで徳川将軍家が居城としていた江戸城跡であり、敷地内には天守閣跡なども残されています。

京都（平安京）が日本の都となったのは、第五〇代桓武《かんむ》天皇が延暦《えんりゃく》一三（西暦七九四）年に遷都を行ってからです。治承《じしょう》四（一一八〇）年の平清盛による福原（現・神戸市兵庫区）遷都を除いて、東京遷都まで一〇〇〇年あまり都であり続けました。
元弘《げんこう》元（一三三一）年（鎌倉幕府にとっては元徳《げんとく》三年）、北朝初代の光厳《こうごん》天皇が土《つち》御門《みかど》東洞院殿《ひがしのとういんどの》の地を里内裏《さとだいり》（仮の内裏）として使用して以降、明治に至るまで約五五〇年間にわたって内裏として使われた地が現在の京都御所となっています。

諸外国では、王や為政者といった権力者の住まいは、軍事防衛施設や戦闘拠点を兼ねた「城」として整備され、天然の要害となる山地や、街道や河川などの交通の要衝を抑える地に造られるのが一般的です。しかし、京都御所は武力侵入がたやすい平野にあり、城壁や堀などの防御施設が一切ありません。しかも、それが二〇〇〇年以上続いている王家の住まいなのですから、世界的にも類を見ない存在であることは明らかです。

ここから理解できることは、日本の天皇陛下は諸国の皇帝や王とは大きく異なった存在であるということです。つまり、武力で民を統治していたわけではなく、また逆に敵対する勢力からの武力攻撃を心配する必要もないという独特な存在であったことがうかがえます。

天皇陛下とは、「人のために生きる」という生き方、民と国の理念というものを、祈りを通じてすべての日本人にお示しになる「民のための『祭り主』」であらせられる存在だということが、平安の世から続く御所から見えてくるのです。

●紀元節《きげんせつ》――――P23

日本に伝存《でんそん》する最古の正史『日本書紀』には、日向《ひゅうが》から大和国への東征を終えた神《かむ》日本磐余彦尊《やまといわれひこのみこと》が「辛酉年春正月《しんゆうのとしはるしょうがつの》 庚辰朔《こうしんのついたち》（辛酉《かのととり》の年春一月一日）」に橿原宮《かしはらのみや》において天皇として即位し、「この年を天皇の元年とする」とあります。初代天皇である神武《じんむ》天皇の即位です。

天皇を君主とする国家の制度を整えた明治維新では、「神武創業の始め」に基づいた古代王制への復古を理想としたことから、神武天皇の即位日を祝日としました。当初は、旧暦一月一日に当たる一月二九日をこの祝日とすることが決まり、明治六（一八七三）年に諸式典が斎行《さいこう》されました。

しかし、同じ年から新暦の太陽暦（グレゴリオ暦）を採用したことで、神武天皇即位日が単なる旧正月の祝日だと誤解される恐れが浮上しました。また、明治天皇の父である孝明《こうめい》天皇の命日（新暦一月三〇日）と近すぎることもあって、一月二九日の祝日は見直すことになったのです。

まず、名称を神武天皇即位日から「紀元節」と改称しました。そして、「辛酉年春正月 庚辰朔」をグレゴリオ暦に換算すると、西暦では紀元前六六〇年の立春の前後の庚辰《かのえたつ》の日になることから新暦二月一一日が特定されます。こうして、明治七（一八七四）年から二月一一日を建国の口として祝うようになったのです。

ところが、大東亜戦争敗戦後の昭和二三（一九四八）年、GHQ（連合国軍最高司令官総司令部）の占領政策によって紀元節の祝日はその名称とともに廃止。その後、昭和二七（一九五二）年の主権回復を経て、国民のあいだで紀元節復活の動きが高まり、昭和四一（一九六六）年になって、ようやく二月一一日が国民の祝日として復活することが認められ、翌年から施行されました。

ただし、日本建国が「紀元前六六〇年二月一一日」だとする現実的・科学的な根拠が乏しいことから、二月一一日は「建国記念日」ではなく、建国したことを祝う「建国記念の日」となって現在に至っています。

●皇室典範《こうしつてんぱん》――P27

もともと皇室典範は明治二二（一八八九）年から昭和二二（一九四七）年までの、皇位継承順位など皇室に関する制度・構成等について規定した法規でした。大日本帝国憲法と同格とみなされ、当時は、合わせて「典憲《てんけん》」と称されていました。昭和二二年五月二日に廃止されており、翌三日に新たに法律として制定された現行の皇室典範とは違うものです。

現行の皇室典範は、皇位継承、摂政《せっしょう》の設置、皇室会議、天皇・皇族の身分など皇室に関する事項を定めた法律です。

主な内容として、皇位継承については「皇統に属する男系男子のみ」（第一条）であること、皇位継承順序は「直系優先、長系優先、近親優先」（第二条）であること、皇位の継承については「天皇が崩じたときは、皇嗣《こうし》が、直ちに即位する」（第四条）ことなどが定められています。

続いて皇族について、「天皇及び皇族は、養子をすることができない」（第九条）、「年齢十五年以上の内親王、王及び女王は、その意思に基き、皇室会議の議により、皇族の身分を離れる。2 親王（皇太子及び皇太孫を除く。）、内親王、王及び女王は、前項の場合の外、やむを得ない特別の事由があるときは、皇室会議の議により、皇族の身分を離れる」（第一一条）、「皇族女子は、天皇及び皇族以外の者と婚姻したときは、皇族の身分を離れる」（第一二条）、「皇族以外の者及びその子孫は、女子が、皇后となるか、皇族男子と結婚する以外には皇族となることができない」（第一五条）ことなどが定められています。

そのほかに、天皇が成年に達しないとき（一八歳未満）や国事行為をこなせない状態のときは摂政を置く（第一六～二〇条・第二二条）ことなどが決められています。

また、皇族の敬称《けいしょう》（敬称）について定めた第二三条には、「天皇、皇后、太皇太后及び皇太后の敬称は、陛下とする。2 前項の皇族以外の皇族の敬称は、殿下とする」

とあります。

現状を鑑みると、今上陛下の御子は愛子内親王殿下おひとりだけで、男子はいらっしゃいません。しかし、現在の皇室典範においても、皇室の古来の伝統にしたがって、父方で天皇の血を引く「男系男子」以外の皇位継承は認められていないため、愛子内親王には皇位継承資格がありません。

したがって、現状では皇位継承資格者は皇嗣である秋篠宮《あきしののみや》皇嗣殿下（五五歳）、その御子である悠仁《ひさひと》親王殿下（一四歳）、そして今上陛下の叔父（今上上皇陛下の弟）にあたられる常陸宮《ひたちのみや》親王殿下（八五歳）の三人しかいらっしゃいません（ご年齢は令和三年五月現在）。

そこで、のちの項に述べるように、小泉純一郎総理（当時）が動きました。

●平安京《へいあんきょう》――――――P30

延暦一三（七九四）年、桓武天皇が長岡京から遷都を行った地が「平安京」です。

それまでの飛鳥京や恭仁京《くにきょう》なども「天子様の住む都（＝京）」という意で「京都」の名で呼ばれていましたが、平安京がその後一〇〇〇年あまり都であり続けたため、「京都」は平安京を指す名として定着したのです。

平安京は、中国の洛陽城や長安城を参考にしたことから「条坊制」で整備されています。条坊制とは、東西の大路（条）と南北の大路（坊）を「碁盤の目」状に組み合わせた左右対称の方形に整備された都市計画の制度です。

ただし、お手本となった中国であれヨーロッパであれ、異民族や外敵の侵入に備えて羅城《らじょう》（＝都市を囲む城壁）をめぐらせるのが一般的でした。それに対して、平安京では羅城はもちろん、天皇陛下のお住まいにお堀もなければ高い塀もないので、武力で侵攻しようと思えばできてしまうような、無防備な構造になっているのが特徴です。

なぜこのようなことが可能であるかというと、天皇陛下はご自分のため、権力のためには生きておられないからです。どういうことか。武士であれ、農民であれ、職人であれ、商人であれ、天皇陛下は何の区別もなく平等にすべての人のために生きられる存在であるために、誰からも襲われる心配がなく、守る必要もないのです。

いうまでもなく、日本の天皇陛下というのは、世界で一番古い王様の血脈が受け継がれています。それなのに、「守る必要がない」というのは他国民から見たら信じられない話ではないでしょうか。この嘘のような、持続不可能にも思える伝統を、深く議論することなく私たちの代で潰してしまっていいはずはありません。

ちなみに「平安時代」とは、桓武天皇がこの地に遷都を行った延暦一三（七九四）年から、源頼朝が鎌倉で幕府を開く一二世紀後半までの約四〇〇年間、政治の中心が平安京にあった時代のことを指します。

●仁徳天皇《にんとくてんのう》 ――― P31

日本の天皇陛下は、諸国の皇帝や王とは大きく異なった存在であることを端的に示す例として、応神天皇の第四皇子で、第一六代天皇となった仁徳天皇（大鷦鷯尊《おおさざきのみこと》）のエピソードを挙げることができます。在位は仁徳元（三一三）から仁徳八七（三九九）年です。

日本書紀に明記されているところによれば、仁徳天皇に「民の竈《かまど》」という故事があります。天皇陛下は民の台所（竈）から夕餉《ゆうげ》を支度する煙が上がらないのをご覧になり、民の暮らしを楽にするために、そこから三年間すべての課税をおやめになりました。御自らの食事を粗末にし、宮殿の屋根が傷んで雨漏りがしても直すことはなく、民の生活を最優先なさったのです。

これは、今上陛下が祈られる際に、御自らの幸福を祈られることが決してなく、ただ民のために祈られることと、直に、一七〇〇年の時を超えてつながっています。すなわち「人のために生きる」という生き方、民と国の理念を、祈りを通じてすべての日本人にお示しになる存在が天皇陛下であるといえます。そこから浮かび上がるのが、民のための祭り主であられる役割を受け継いでいくことこそ皇位継承の本質であり権力の継承ではないということです。

仁徳天皇の治世では、課税を取りやめた三年間で五穀豊穣《ごこくほうじょう》が続き、民も豊かになりましたが、さらに三年、課税と労役を免除しました。租税再開後も、大規模な灌漑《かんがい》工事を実施して広大な田地を得るなど民に尽くしたことから、仁徳天皇は聖帝《ひじりのみかど》と称されます。

仁徳天皇といえば、世界最大級の墳墓である大仙陵《だいせんりょう》古墳（大山《だいせん》古墳）が陵墓として比定されていることでも有名です。仁徳天皇の仁政への民の感謝の意が日本最大の古墳に仮託されているのかもしれません。また、『宋書《そうしょ》』の倭国伝《わこくでん》に登場する「倭の五王」のひとりとされています。

この仁徳天皇を「実在しない」とする異説もありますが、もしも仮にそうなら余計に尊いと言えるのではないでしょうか。

なぜならそれは、日本の国には理念があり、その理念は「ただ民のため、人のために生きることである」と古い時代に打ち出したことになるからです。

世界に通じる普遍的な価値を古くから意思をもって樹立したなら、むしろ意義のあることでしょう。

●難波高津宮《なにわのたかつのみや》――――――P36

仁徳天皇は即位元年一月三日、都を難波の高津宮に遷《うつ》します。大和国以外では初めての都となりました。

しかし、仁徳天皇は宮殿に色も塗らず、垂木《たるぎ》や柱に飾りも付けず、屋根葺《ふ》きの茅《かや》も切りそろえませんでした。仁徳天皇は、「これは自分だけのことなので、人民の耕作や機織《はたお》りの時間を奪ってはならぬ」とされたのです。つまり、「民の竈」の煙をご覧になる以前の即位の時点で、すでに民のことを考えられていたことになります。

仁徳一四（三二六）年には、都の中に大通りを造り、南の門からまっすぐ丹比邑《たじひのむら》（現・羽曳野《はびきの》市丹比）に及んだといいます。同時に河内地方を中心に灌漑工事を進めて多くの田を得たことから、付近の人民たちは凶作の恐れから解放されました。

港湾都市として国内流通の中心となったこの地には、その後も孝徳《こうとく》天皇の時代には難波宮《なにわのみや》、聖武《しょうむ》天皇の時代には難波京（難波宮）が営まれ、都として機能していきます。

高津宮址《あと》については諸説があり、場所は特定されていません。現在、大阪府立高津高校の校庭にある「高津宮址の碑」は、仁徳天皇千五百年大祭を祝して明治三二（一八九九）年に当時の大阪市東区東高津餌差町《えさしまち》（現・天王寺区）に設置されたもので、戦後に道路拡張工事のため、現在地に移されました。

第一章　天皇陛下は何のためにいらっしゃるか

●『日本書紀《にほんしょき》』と『古事記《こじき》』――――P50

日本に伝存する最古の正史で、奈良時代の養老《ようろう》四（七二〇）年に完成したと伝わる歴史書が『日本書紀』です。神代《かみよ》から持統《じとう》天皇（第四一代）の時代までを扱い、全三〇巻、漢文、そして編年体（年代の順序を追って叙述するもの）で記述されているのが特徴です。

飛鳥時代から平安時代前期にかけて国家事業として編纂された六つの史書（六国史《りっこくし》）と言う。『日本書紀』『続日本紀《しょくにほんぎ》』『日本後紀《にほんこうき》』『続日本後紀《しょくにほんこうき》』『日本文徳天皇実録《にほんもんとくてんのうじつろく》』『日本三代実録《にほんさんだいじつろく》』）の第一となっています。

一方で『古事記』は、太安万侶《おおのやすまろ》が編纂し、和銅《わどう》五（七一二）年に元明《げんめい》天皇に献上されたとその序に記されていることから、現存する日本最古の歴史書であるとされています。上・中・下の三巻で構成され、天地開闢《かいびゃく》（日本神話）から推古《すいこ》天皇（第三三代）の時代までの出来事を記述しています。

日本の神代から上古《じょうこ》までを記した史書として、日本書紀と古事記を合わせて「記《き》紀《き》」と総称されることがありますが、内容には多少の違いがあります。

日本の正史である日本書紀に対して、古事記は文学的な色彩が濃厚です。

そこで本書においては、歴史的出来事や表記、その解釈など、正史である日本書紀に基づいて記述しています。

なお、日本書紀が正確かを問う議論がありますが、古い時代の史書は世界のどれも、現代の概念で言う「情報」としては不正確な点があります。

今の視点で「情報」と見るより、そこに込められた理念を見るべきです。

明らかに神話である「国産《う》み」のあたりも同じです。本書は基本的にその考えに立って、まんがも創っています。

●新嘗祭《にいなめさい》————P52

天皇陛下が国の安寧と国民の幸せを祈念するために宮中で行う祭儀（神々や祖先を祀《まつ》り、祈ること）である宮中祭祀《きゅうちゅうさいし》のなかでも、最も重要とされるものに新嘗祭と大嘗《だいじょう》祭《さい》があります。

その起源は、天照大神《あまてらすおおみかみ》が行っていた新嘗祭《にいなめのまつり》（新穀を神にお供えする祭事）に由来します。そもそもは新嘗祭と大嘗祭は同一祭儀の別名であり、両者の区別はありませんでした。日本書紀の神代を除けば、その日本書紀の仁徳《にんとく》天皇四〇年条にある、「この年、新嘗の月に、宴会があったとき、酒を内外の命婦《みょうぶ》（五位以上）に賜わった」というのが新嘗祭の最も古い記録となります。

律令国家が成立していくにつれ、新穀の収穫を神々に感謝する毎年の新嘗祭を基にして、一代に一度の新嘗祭、つまり大嘗祭が生み出されました。新しい天皇陛下が即位されると、そのあとに初めて行う新嘗祭を大嘗祭と言うようになったのです。

新嘗祭は、毎年一一月二三日に宮中三殿の近くにある神嘉殿《しんかでん》にて執り行われます。

天皇陛下が皇祖をはじめとする神々に新穀をお供えして、神恩《しんおん》に感謝を捧げたのちに陛下自ら召し上がります。陛下が自ら栽培した新穀もお供えします。

現在、一一月二三日といえば「勤労感謝の日」。休日を満喫している一般国民が多いでしょうが、その日の深夜に至るまで、陛下は国民を養う五穀が得られたことに感謝の祈りを捧げられているのです。

●祭主《さいしゅ》としての天皇陛下《てんのうへいか》（皇室《こうしつ》の祭祀《さいし》）――P52

日本において、天皇陛下がいらっしゃる、存在されている根源とは何か？　それは、祈りだということができます。

天皇陛下は、わたしたち国民のため、国の安寧のため、そしてさらに世界の平和に祈りを捧げることに常に多くの時間を費やされています。その点も、西洋の王様や中国の皇帝との決定的な違いです。

諸外国の王や帝《みかど》は、権力を握ることがその存在の根源となっています。仮に祈るとしても、それは「神様、私が権力を行使できるように助けてください」とか、あるいはもっと古いエジプトなどでは「死んでも楽園で永遠に生きさせてください」などと、自分の幸せを祈願するのが当たり前でした。

自分の母や妻、師を殺《あや》め、国家に功績の大きかった将軍たちを冤罪《えんざい》で死に追いやった暴君ネロの例を出すまでもなく、世界の皇帝、王様というのは自分の好き勝手、したい放題だったのは珍しくもありません。

そうしたなか、民の幸せだけを祈って、自分のことは一切、祈らない帝《みかど》というのは、日本にしか存在しないのです。

日本においては六世紀前半、九歳で即位した小泊瀬稚鷦鷯尊《おはつせのわかさざきのみこと》（第二五代武烈《ぶれつ》天皇）が極悪非道を行ったとされています。しかし、それ以外ではそういう例はほとんど見られません。この武烈天皇の物語については、継体天皇への皇位継承が親等は遠く離れていても完全に妥当であることを補強するために創作されたという説も有力です。ほんとうは、その補強がなくとも正当な皇位継承です。

一二世紀後半、源平を手玉に取った後白河《ごしらかわ》法皇（出家した上皇）や、一四世紀前半、鎌倉幕府を倒して建武《けんむ》の新政《しんせい》を行った後醍醐《ごだいご》天皇など、政治的な実権を握ろうとした、わずかな例はあります。

しかし、その程度のことをしたくらいで後世でも目立つ存在になっているということは、ほんとうは何を意味するのでしょうか。歴代の天皇陛下は民を思う「祈り」によって人格が高められ、過ちを犯しにくくなり、過ちを犯した場合にも、それを回復する力が働いたことの証左でしょう。そういうことが、皇室が二〇〇〇年以上続いてきた要因にもなっていると考えられます。

第二章　天皇陛下の万世一系って何　前編　国産み

●万世一系《ばんせいいっけい》——P53

日本書紀はどう記しているでしょうか。

神代《かみよ》の国常立尊《くにのとこたちのみこと》から伊奘諾尊《いざなぎのみこと》（古事記では伊邪那岐命《いざなぎのみこと》）・伊弉冉尊《いざなみのみこと》（古事記では伊《い》邪那美命《ざなみのみこと》）に至る「神世七代《かみよななよ》」、そして天照大神から鸕鷀草葺不合尊《うがやふきあえずのみこと》に至る「地神五代《ちじんごだい》」、この系譜を引き継ぎ、神武《じんむ》天皇が創始した王朝の血脈は、今上陛下まで受け継がれています。そのため、日本の王朝は永遠に系統が続く万世一系といわれます。

皇位継承の本質とは、民のための祭り主であられる役割を受け継いでいくことです。これは、初代より一二六代、二千数百年にわたる唯ひとつの血統、不変の原則によって受け継がれ、貫かれることによって確実に実現しています。

皇位の歴史が男系・父系による継承であるために、父を一系で辿《たど》ることができ、神武天皇や仁徳《にんとく》天皇にまでつながる天皇家の皇統が続いています。そこには、「男のほうが女よりも偉いから引き継ぐ」などという男尊女卑の思想はなく、あくまで父方で辿っていくと初代・神武天皇までつながっていくということが重要視されているのです。二千数百年にわたり変わらず受け継がれてきた、このかけがえのない伝統を、ひとときの時代の価値観や判断で安易に断絶することは許されない行為です。

私たちには、この伝統を、日本国の根源として、また変わりゆく世界のなかでも変わらない安寧の国柄として護り抜く国民の務めがあるのではないでしょうか。

ごく常識的に考えても、ひとつの王朝が万世一系で続くという奇跡的なことが二千数百年間も維持されてきたというだけで世界的に非常に高い価値があるのはいうまでもないでしょう。

日本書紀や古事記の記述の神話部分を、情報として不正確と指摘する見方がありますが、前述したように理念を汲み取るべきです。

ただ情報として見るなら、現代にもネットの話題をはじめ常に正確、不正確の問題があります。

しかし理念こそ不易のものであり、国民共有の宝物となるものです。

●神武天皇《じんむてんのう》――P53

天皇の地位は神代から現代まで二千数百年にわたって唯ひとつの血統によって一二六代受け継がれています。皇位の歴史が男系・父系による継承であるために、父を一系で辿《たど》ると、初代天皇である神武天皇に行き着きます。

日本書紀の神話部分によれば、天照大神《あまてらすおおみかみ》の孫（天孫）である瓊瓊杵尊《ににぎのみこと》は、外祖父《がいそふ》（母方の祖父）に当たる高皇産霊尊《たかみむすびのみこと》の発意により地上（葦原中国《あしはらのなかつくに》）の支配を託されて、日向《ひゅうが》（現・宮崎県）の高千穂の峰に降臨しました。

それから三代経たのちに生まれたのが神武天皇（神日本磐余彦尊《かむやまといわれひこのみこと》）です。神武天皇には神話説と、少なくとも実質的には存在したという説があります。

神武天皇は、瓊瓊杵尊の孫である彦波瀲武鸕鷀草葺不合尊《ひこなぎさたけうがやふきあえずのみこと》と玉依姫《たまよりひめ》の第四子として、筑紫（九州）の日向で誕生しました。

神武天皇は、四五歳のときに三人の兄や子を率いて東征を開始。兄を戦いで失うなど数々の試練を乗り越えて、日向から宇佐《うさ》、安芸国《あき》、吉備国《きび》、浪花国《なにわ》、河内国《かわち》、紀伊《きい》国、そして内《うち》つ国《くに》（＝大和国《やまと》）を六年の月日をかけて平定し、畝傍山《うねびやま》の東南の橿原の地に都を開きました。そこで事代主神《ことしろぬしのかみ》（大物主神《おおものぬしのかみ》）の娘の媛蹈鞴五十鈴媛命《ひめたたらいすずひめのみこと》を正妃とし、翌年（辛酉年《しんゆうのとし》）春正月に初代天皇として即位したと日本書紀は記しています。

即位四年、天下を平定し終えたことから鳥見《とみ》山中に皇祖天神を祀《まつ》りました。さらに即位三一年には巡幸して丘に登って国を一望し、「なんと素晴らしい国を得たことだ」と感嘆します。これは「国見」といわれ、万民に目を向ける為政者としての姿がありました。皇祖の祭祀《さいし》を行うことによって国家国民の安寧を祈るという現代の天皇陛下に受け継がれる祭祀王的な性格の原点が浮かび上がります。

媛蹈鞴五十鈴媛との間に神八井耳命《かむやいみみのみこと》、神渟名川耳尊《かむぬなかわみみのみこと》（のちの綏靖《すいぜい》天皇）を得て、即位七六年に一二七歳で崩御《ほうぎょ》されたと日本書紀は記しています。

●高天原《たかまがはら》――P54

日本神話において、国津神《くにつかみ》の住む地上の世界に対して、天照大神を主宰神とした天《あま》津神《つかみ》が住んでいる天空の世界を高天原といいます。

ただし、古事記では「天地《あめつち》のはじめ」に神々の生まれ出る場所として冒頭にその名が登場しますが、正史の日本書紀の本文（本伝・正伝）には出てきません。

その一方で、日本書紀の最後に扱われている第四一代持統《じとう》天皇の和風諡号《わふうしごう》が「高天原廣野姫天皇《たかまのはらひろのひめのすめらみこと》」とされているのは興味深いところです。

神話に出てくる地名であり、古事記では天上界とされるものの、江戸時代に新井白石が高天原を「常陸《ひたち》国（現・茨城県）多賀郡」だと特定するなど、実在した地ではないかという議論も盛んに行われてきました。

大和国の発祥の地である奈良県のほか、天照大神の孫である瓊瓊杵尊《ににぎのみこと》が降臨したとされる日向（現・宮崎県）の高千穂、邪馬台国と高天原を関連付けて考える説もあり、九州各地に邪馬台国の候補地が挙げられています。

●伊奘諾《いざなぎ》（伊邪那岐《いざなぎ》）と伊奘冉《いざなみ》（伊邪那美《いざなみ》）――P54

天地開闢《かいびゃく》の最初に国常立尊が現れて以降、国常立尊も含めて一一柱七代の神が次々と誕生していきました（神世七代）。

七代目の神である伊奘諾尊（伊邪那岐命）と伊奘冉尊（伊邪那美命）は夫婦神であり、彼らが日本の国土や海、川、山、そして草木を生みました（国生み）。

主に古事記をもとにすれば、その後、夫婦神は多くの神々をお生みになり、最後に火の神である火之迦具土神《ひのかぐつちのかみ》を生んだときに、伊邪那美命は体を焼かれて亡くなってしまいます（神生み）。

伊邪那岐命は亡き妻を忘れられず、伊邪那美命を取り戻しに死者の住む黄泉国《よみのくに》まで迎えにいきます。でもそこで見たのは、蛆《うじ》がたかり、体中に八種の雷神が座っている妻の姿でした。あまりの恐ろしさに、伊邪那岐命は逃げ出してしまいました。自分の姿を見られた伊邪那美命は、髪を振り乱し、黄泉国の軍勢を繰り出して襲ってきます。伊邪那岐命は呪力がある桃の実を投げつけて、かろうじて逃げ帰ります。

黄泉国の入口まで逃げた伊邪那岐命は、大きな岩でその入口をふさいでしまいました。伊邪那美命は自分の姿を見られたことを恨み、「あなたの国の人を一日に一〇〇〇人殺してやる」と言いました。これに対し伊邪那岐命は「ならば一日に一五〇〇人を生もう」と告げました。以来、一日に多くの人が死に、それより多くの人が生まれるようになったといわれています。

無事に生還した伊邪那岐命は、黄泉国の穢《けが》れを日向の阿波岐《あはき》の原で清めました。すると、さまざまな神が生まれ、最後に左眼から天照大神、右眼から月読命《つくよみのみこと》、鼻から須《す》佐之男命《さのおのみこと》（素戔嗚尊《すさのおのみこと》）の三貴神が誕生しました。そこで伊邪那岐命は、天照大神には高天原を、月読命には夜之食国《よるのおすくに》を、須佐之男命には海原を治めるように任命します。

神の仕事をすべて終えられた伊邪那岐命は、淡海（近江）の多賀に宮を造って、静かにお隠れになりました。伊耶那岐命は神武天皇の七代前の先祖になります。

●天照大神《あまてらすおおみかみ》――――P56

日本書紀において、伊奘諾尊と伊奘冉尊の子である大日孁貴《おおひるめのむち》と同一神とされるのが天照大神です。

古事記では伊邪那美命（伊奘冉尊）の死後に伊邪那岐命（伊奘諾尊）の左眼から生まれているので伊邪那美は母とはいえないこと、また名前は「天照大御神」と表記されていることなどの違いがあります。

「天を照らす」の名が示すように太陽をあらわす神で、高天原を統べる主宰神であり、皇祖神でもあります。

その高天原に、弟神・素戔嗚尊がやってきたのを、天照大神は国を奪うためだと勘違いして怒り心頭、それに対して素戔嗚尊は誤解を解くために誓約《うけい》（一種の占い）を提案します。自分が男神を生んだら清い心だとして、天照大神のみずら（頭髪）と腕に巻かれていた八坂瓊之五百箇御統《やさかにのいおつみすまる》（勾玉《まがたま》や管玉《くだたま》などの飾り）から五柱の男神を生み、身の潔白を証明しました。

しかし、高天原に入った素戔嗚尊は天照大神の神田を壊したり、新嘗祭《にいなめのまつり》のときに部屋にこっそり大便をしたりなど、やりたい放題の粗暴を行います。これに怒った天照大神は天の岩戸に閉じこもられてしまい、国中は暗闇に包まれてしまいました。

その後、八百万《やおよろず》の神々は天照大神を岩戸から出す作戦を練り、祭りを行ったり、どっと笑い声を揃ってあげたりして天照大神がそっと岩戸を開けて見るように仕向け、無事に天照大神を岩戸から出すことに成功し、素戔嗚尊を高天原から追放します。この「天岩戸の神隠れ」といわれるエピソードは、日本神話のハイライトとしてあまりに有名です。

その後、天照大神の孫である天津彦彦火瓊瓊杵尊《あまつひこひこほのににぎのみこと》に「葦原中国《あしはらのなかつくに》」（地上世界）を治めさせるために、瓊瓊杵尊を高天原から筑紫の日向の襲《そ》の高千穂峰へ天降《あまくだ》らせました（天孫降臨）。

そして、大山祇神《おおやまづみのかみ》の娘である鹿葦津姫《かしつひめ》（またの名を神吾田津姫《かむあたつひめ》、木花開耶姫《このはなさくやひめ》）との間にもうけた彦火火出見尊《ひこほほでみのみこと》（山幸彦《やまさちひこ》）が、やがて初代天皇となる神武天皇の祖父となるのです。

天照大神をお祀りしている神社として、とくに三重県伊勢市の伊勢神宮内宮が知られています。

●橿原宮《かしはらのみや》——P56

日本書紀によれば、天照大神の五世孫《いつつぎのみこ》である神武天皇は、日向から六年をかけて東征を行い、数々の難敵を倒して、ついに内《うち》つ国（内州／大和国）を平定します。そして、畝傍《うねび》山《やま》の東南・橿原の地に宮殿と都をつくり、日本国を建国しました。

庚申年の九月には事代主神《ことしろぬしのかみ》の娘の媛蹈鞴《ひめたたら》五十鈴《いすず》媛命《ひめのみこと》を正妃とし、その翌年にあたる辛酉年春《はる》正月《しょうがつの》 庚辰朔《こうしんのついたち》（辛酉《かのととり》の年春一月一日）、神武天皇は橿原宮において初代の天皇として即位しました。

神武天皇がなぜ橿原の地を都として選んだのかについては、「思うに国の真中である」と述べておられます。宮殿があったとされる地に、明治二三（一八九〇）年に創建されたのが現在の橿原神宮で、主祭神は神武天皇と媛蹈鞴五十鈴媛命です。

第三章　天皇陛下の万世一系って何　後編

女性天皇・女系天皇

●女性天皇《じょせいてんのう》――――P59

女性天皇とは、文字通り女性の天皇のことで、過去に一〇代八人いらっしゃいました。そのうち八代六人は、推古天皇、皇極《こうぎょく》天皇（重祚《ちょうそ》、すなわち一度退位した天皇が再び天皇の位につくことをなさり斉明《さいめい》天皇）、持統《じとう》天皇、元明《げんめい》天皇、元正《げんしょう》天皇、孝謙《こうけん》天皇（重祚して称徳《しょうとく》天皇）と六世紀末から八世紀後半に集中し、時代が下って江戸時代になって明正《めいしょう》天皇、後桜町《ごさくらまち》天皇のふたりが誕生しています。

この八人の方に共通しているのが、いずれも即位後は結婚なさらないで御子を持たれず、皇位は男系・父系の男子に継承していること、そして譲位以後も独身を通したことが挙げられます。

つまり、皇統の血を引く女性天皇はたしかに存在しているものの、女性天皇が産んだ子供が皇位を継いだという事実は一度たりともないのです。

もし、女性天皇が皇統に属していない男性と結婚され、その御子が天皇に即位されているならば、それは「女系天皇」「母系天皇」となりますが、それは二千数百年間も続いてきた皇室の歴史のなかにまったく存在したことがありません。

仮に今後、女系天皇や母系天皇を認めるようなことになれば、神武《じんむ》天皇から万世一系《ばんせいいっけい》で続いてきた皇室が終わることを意味します。それは異質の王朝（別の皇室）、すなわち神武天皇から受け継ぐ祭り主ではない「天皇ならざる天皇」を生み出すことに直結することだと考えなくてはなりません。

●女系天皇《じょけいてんのう》――――P59

小泉内閣以降、皇位継承の問題に関して、皇位継承資格のある男子が少なくなってきたことから、これまで歴史的に存在していなかった「女系天皇」の是非が議論されるようになりました。

そもそも、「男系」「女系」の違いは何でしょうか。まず男系とは、父方の血統で神武天皇に真っ直ぐつながることを示します。もし女系で継承するのであれば、初代天皇とはつながらなくなってしまいます。

皇室の女子が皇統とは無縁の男性と結婚され、その御子が天皇になったこと、つまり女系による皇位継承は、日本の歴史で一度たりとも起こっていません。いかなる例外もなく、男系による皇位継承を一二六代一貫して続けてきたのが日本です。

男系による皇位継承を、男女差別や男女平等など性差による区別といった、現代的な価値観から論じようとする人たちもいますが、それはまったく意味がありません。有史以来、一貫して民族が尊び、保ってきた父系（男系）による皇位継承を堅持するのか、あるいはその伝統を断絶させてしまうのか。この論点こそが皇位継承をめぐる事の本質なのです。

この令和の時代になって、再び女性天皇が誕生するのはまったく構わないとしても、王朝交替が起きないように、その方に結婚をしてはいけないとか、結婚なさっても子供をつくってはいけないなどと強いるのは、それこそ今の時代にそぐわない、人権を無視したやり方になってしまいます。仮に女性天皇が中国などの外国人と結婚した場合、皇室が外国の王朝にすり替わってしまう恐れがあるのにお気づきでしょうか。

むしろ、これまで八人も女性が天皇に即位されているということは、もともと男女差別は今より無かったと見るのが自然だといえるでしょう。

皇位継承や摂政の設置、皇室会議、天皇・皇族の身分など皇室に関する事項を定めた法律である「皇室典範」は、明治時代に制定された旧・皇室典範をかなりの部分で受け継いでいますが、とくに第一五条を見ていただくと、女性は誰でも皇族になれることがわかります。庶民の娘であろうが、外国人であろうが、女性は皇族と結婚さえすれば皇族になることができます。しかし、皇室の血を引かない男子は、いくら皇室女子と結婚しても皇族にはなれません。女性差別の逆です。

そもそも、皇祖とされている天照大神《あまてらすおおみかみ》は女性とされています。女性が頂点にいるというのは世界的に見ても非常に珍しい例であり、そこに女性差別の思考などありません。

●推古天皇《すいこてんのう》――P60

第三三代推古天皇は最初の女性天皇です。在位期間は三六年に及び、最も在位期間が長い女性天皇でもあります。古事記はこの天皇までを記しています。

推古天皇（額田部皇女《ぬかたべのひめみこ》）は、第二九代欽明《きんめい》天皇の皇女《ひめみこ》で、第三〇代敏達《びだつ》天皇の異母妹であり妻でもあります。また、第三一代用明《ようめい》天皇は同母兄、第三二代崇峻《すしゅん》天皇は異母弟であり、母方の叔父に蘇我馬子《そがのうまこ》がいます。

崇峻五（五九二）年、崇峻天皇が蘇我馬子によって暗殺されて天皇が空位となると、中継ぎの形で先々代の大后（皇后）である額田部皇女が擁立されたと考えられています。時に皇女は三九歳、のちに七五歳で崩御《ほうぎょ》されたことから、女性天皇としては最も長生きだったとされています。

推古天皇は即位の翌年、一般的に「聖徳太子」として知られる甥の厩戸豊聡耳皇子《うまやとのとよとみみのみこ》を皇太子とされ、国政をすべて任せられました。

女帝の治世のもと、聖徳太子は「冠位十二階」（日本で初めての冠位制度）、さらに

「十七条憲法」を制定して、組織・法令の整備を進めたほか、小野妹子《おののいもこ》を隋に派遣して国書を持参させています。

推古天皇の治世は六世紀後半から七世紀前半で、当時の東アジアでは女性君主の前例はありません。いまから一四〇〇年以上も前に、この日本で女性君主が誕生していたというのは、非常に重要な事実として指摘できます。

●崩御《ほうぎょ》——P68

貴人が亡くなったことを示す言葉として、「崩御」や「薨御《こうぎょ》」、「薨去《こうきょ》」、「卒去《そっきょ》」などの尊敬語が用いられ、死者の身分によって使い分けられてきました。

例えば、日本書紀巻代二三「舒明天皇」の冒頭部分を見ると、厩戸皇子には「薨去」、推古天皇には「崩御」と使い分けられているのがわかります。

「崩御」は、天皇・皇后・皇太后・太皇太后などの死を表す最高敬語です。皇太子や大臣などの死には「薨御」が用いられ、崩御という言葉は使用されません。

「薨去」は、皇族の内の皇太子妃や親王・親王妃や内親王、または三位以上の公卿《くぎょう》が死去した場合に使用される表現です。のちには公卿だけではなく、武士にも使われるようになりました。

「卒去」は、王や女王、四位・五位以上の宮人《みやびと》の死を意味します。

ちなみに、明治の皇室典範制定以降は、三后（皇后・皇太后・太皇太后）を除いたすべての皇族の死に「薨去」を用いています。現職の首相が死亡した際にも「薨去」が使われた例があるようです。

●蘇我氏《そがし》（蘇我馬子《そがのうまこ》）――――P71

古墳時代から飛鳥時代（六～七世紀前半）に権勢を誇っていた有力豪族、蘇我氏とはどんな人々か。古事記によると、神功皇后《じんぐう》の三韓征伐（新羅《しらぎ》出兵説）などで活躍した伝説の忠臣、武内宿禰《たけのうちのすくね》の息子たちがまず、天皇に仕える豪族の始まりとなり、そのなかのひとり石川宿禰《いしかわのすくね》が蘇我氏の祖となったとしています。ただし、日本書紀にはとくに親子関係、血縁関係の言及はありません。

武内宿禰は、景行《けいこう》天皇から成務《せいむ》、仲哀《ちゅうあい》、応神《おうじん》、仁徳《にんとく》天皇まで第一二代から第一六代の五代の各天皇に仕え、伝説上は二〇〇歳以上生きた長寿の人物とされています。

蘇我氏は外交に対する権益を持っていたとみられ、渡来人からもたらされた先進技術を強みにして台頭したと考えられます。また、仏教が伝来するといち早くそれを取り入れました。

そんな蘇我氏が頭角を現したのが、武内宿禰から五代目の子孫であり、蘇我入鹿《そがのいるか》の曽祖父にあたる蘇我稲目《そがのいなめ》からのことです。稲目は娘を天皇の妃にすることで天皇の外戚として勢力を伸ばし、大伴氏《おおともし》、物部氏《もののべし》に並ぶ三大勢力に食い込みました。

のちに大伴金村《おおとものかなむら》が失脚すると、物部と蘇我の二強となり、強硬な廃仏《はいぶつ》派の物部氏と崇仏《すうぶつ》派の蘇我氏が対立し、物部氏はやがて稲目の子である蘇我馬子や、蘇我系の皇子《みこ》である厩戸皇子などに滅ぼされます。

それから蘇我氏の一強体制となり、崇峻天皇の暗殺を含めて天皇をないがしろにするふるまいの数々や、入鹿による上宮王家《じょうぐうおうけ》の山背大兄王《やましろのおおえのおう》（聖徳太子の子）討滅など、蘇我氏の専横ぶりが伝えられています。

やがて、「大化の改新」の第一歩となった「乙巳《いっし》の変」（大化元年、西暦六四五年）において、中大兄皇子《なかのおおえのおうじ》（のちの天智《てんじ》天皇）、中臣鎌足《なかとみのかまたり》（のちの藤原鎌足。藤原氏の始祖）らにより入鹿が暗殺され、次いで入鹿の父蝦夷《えみし》が自害し、蘇我氏の宗家《そうけ》は滅亡しました。

●聖徳太子《しょうとくたいし》――P71

これまで紙幣（日本銀行券）に最も多く採用され、日本古代史最大級の偉人として誰もがその名を知るのが聖徳太子ではないでしょうか。

ところが近年、「聖徳太子はいなかった」「聖徳太子の功績のほとんどは嘘である」といった説が流行し、日本史の教科書でも「厩戸王《うまやどのおう》（聖徳太子）」という表記が増えてしまっています。

日本書紀の原文を見てみると、実は「聖徳太子」という言葉は一切出てきません。

聖徳太子という名は、のちの世になって厩戸王に贈られた尊称なのです。実在しないという話ではありません。

厩戸王（厩戸豊聡耳皇子）は第三一代用明天皇の第二皇子で、母は第二九代欽明天皇の皇女・穴穂部間人皇女《あなほべのはしひとのひめみこ》です。両親の母親はともに蘇我稲目の娘であることから、蘇我氏と強い血縁関係にあった皇子でした。

仏教の受容をめぐって崇仏派の蘇我馬子と廃仏派の物部守屋《もののべのもりや》とが激しく対立するなかで用明天皇が崩御、皇位争いも絡んで、ついに軍事衝突が起きます。

ただ、軍事氏族であった物部軍は強力で、蘇我軍は三度も撃退されました。そこで、満を持して立ち上がったのが厩戸皇子でした。皇子は四天王の木像をつくり、「勝利したら必ず仏塔をつくる」と誓い、物部守屋を倒すことに成功します。

戦いのあと、第三二代崇峻天皇が誕生しましたが、政治の実権を握る馬子と対立し、崇峻天皇は馬子に暗殺されてしまいます。

そして推古元（五九三）年、皇室史上初となる女性天皇の推古天皇が誕生、厩戸皇子は皇太子となって馬子とともに天皇を補佐することになりました。

また、厩戸皇子は政治の中心だった飛鳥（現・橿原《かしはら》市と明日香《あすか》村周辺）の北西、直線距離にして二〇キロほど離れた斑鳩《いかるが》（現・奈良県生駒《いこま》郡斑鳩町）に宮殿（斑鳩宮）を営みました。この地は現存する世界最古の木造建築であり、世界文化遺産に登録されている法隆寺があることで知られています。

厩戸皇子は推古九（六〇一）年に斑鳩宮の造営を始め、推古一三（六〇五）年に移り住みました。斑鳩宮の西方には、皇子によって斑鳩伽藍《がらん》群、具体的には法隆寺、中宮寺、法輪寺、法起寺《ほうきじ》が建立されました。

これを隠棲《いんせい》とする説もありますが、地政学的に考えるとそうとは言い切れません。斑鳩は、平城京と河内、難波を結ぶ官道である龍田道《たつたみち》や、当時の外交の表玄関である難波津《なにわづ》に直結する大和川の水運に通じていることから、大陸からの使者に日本の文化を見せつけること、そして大和の中心地に入る前の関所としての意味合いもあったとも考えられています。

●大化《たいか》の改新《かいしん》（中大兄皇子《なかのおおえのおうじ》、中臣鎌足《なかとみのかまたり》）――P75

大化の改新といえば、中大兄皇子や中臣鎌足らが宮中にて蘇我入鹿を暗殺して蘇我氏宗家を滅ぼした政変を思い浮かべる人も多いことでしょう。しかし、近年はこの暗殺事件を「乙巳《いっし》の変」といい、それに始まる一連の政治制度改革を大化の改新と呼ぶようになりました。

蘇我氏の暴政、専横に対して、中大兄皇子や中臣鎌足らが義のために立ち上がったとの見方が有力です。

推古三〇（六二二）年、摂政だった厩戸皇子が亡くなると、蘇我氏を抑える実力者がいなくなり、その権勢は天皇家をしのぐほどになりました。推古三四（六二六）年には蘇我馬子が亡くなり、その子の蝦夷が大臣となります。そしてその二年後、推古天皇が後嗣《こうし》を指名することなく崩御され、時代は大きく動き始めます。

田村皇子《たむらのみこ》（のちの第三四代舒明《じょめい》天皇）と山背大兄王の間で皇位継承争いが始まり、田村皇子を推した蝦夷は山背大兄王を推す叔父の境部摩理勢《さかいべのまりせ》を滅ぼし、田村皇子を即位に導きました。

舒明一三（六四一）年に舒明天皇が崩御されると、次に皇后であった宝皇女《たからのひめみこ》が第三五代皇極天皇として即位します。蘇我氏の実権は蝦夷の子である入鹿に移っていて、入鹿は皇極二（六四三）年には邪魔者だった山背大兄王一族を滅ぼします。

皇室に取って代わらんばかりの蘇我氏の勢いに危機感を抱いたのが中臣鎌足でした。鎌足は中大兄皇子を蘇我氏打倒のリーダーとして担ぎ、皇極四（六四五）年、三韓（朝鮮半島南部の人々。馬韓、弁韓、辰韓）が貢物を捧げること、即ち進貢の儀式が朝廷で行われるときを見計らって入鹿を斬殺、翌日には蝦夷が自害する際に『天皇記』『国記』、珍宝を焼きました。さらに翌日、皇極天皇は軽皇子《かるのみこ》へ譲位し、第三六代孝徳《こうとく》天皇が誕生します。

中大兄皇子は皇太子となり、中臣鎌足は内臣に任じられ、大化の改新と呼ばれる改革を断行していくことになります。

●『万葉集《まんようしゅう》』――P75

現存する最古の和歌集として知られている万葉集は、奈良時代末期に成立したとみられます。全二〇巻四五〇〇首以上の和歌が収められています。和歌はすべて漢字で書かれていて、もともと大陸の文字であった漢字の音を借用して日本語を表記する「万葉仮名」を使った歌も含まれています。

一般的に天皇陛下、貴族から下級官人、防人《さきもり》、大道芸人、農民など、さまざまな身分の人々が詠んだ歌や、労働や儀礼などの場で歌われた民謡や酒宴の席で歌われた歌などである東歌《あずまうた》が収められているとされていて、作者不詳の和歌も二一〇〇首以上収められているのが特徴となっています。

万葉集の巻第一には、史上三人目の女性天皇、第四一代持統天皇（鸕野讚良皇女《うののさららのひめみこ》）の名歌、

春過ぎて夏来たるらし白たへの衣ほしたり天の香久山《かぐやま》（二八番、歌）

が収録されています。持統天皇は天智《てんじ》天皇の娘にして、その弟の天武《てんむ》天皇の姪であり、皇后でもありました。

この歌は、『新古今和歌集』にも収められ、また『小倉百人一首』の二首目としてあまりに有名です。

ただし、万葉仮名の読み方の違いで、後世の新古今和歌集では、

春過ぎて夏来にけらし白たへの衣ほすてふ天の香久山

とされて、そちらが後世に定着していきました。

ほかに舒明天皇や天智天皇、中臣鎌足などの歌も収められています。

●孝謙天皇《こうけんてんのう》と弓削道鏡《ゆげのどうきょう》、和気清麻呂《わけのきよまろ》 ——P78

皇室の長い歴史のなかで存続の危機は何度もありました。なかでも最も衝撃的な事件として挙げられるのが、僧である弓削道鏡による皇位継承の企み、いわゆる道鏡事件、または宇佐八幡宮神託事件です。

第四五代聖武《しょうむ》天皇を父に、そして藤原氏出身で初めて皇后となった光明皇后（光明《こうみょう》子《し》）を母に持つ阿倍内親王《あべないしんのう》は、ほかに有力な皇位継承者がいなかったことから立太子し、史上唯一の女性皇太子となりました。

天平勝宝元（七四九）年、聖武天皇の譲位により、阿倍内親王は第四六代孝謙天皇（のちに重祚して第四八代称徳《しょうとく》天皇）として即位します。ただし、未婚の孝謙天皇から皇位継承者が生まれるはずもないことから継承者をめぐる勢力争いが激化し、橘奈良麻呂《たちばなのならまろ》の乱を経て、天平宝字《てんぴょうほうじ》二（七五八）年、孝謙天皇は大炊王《おおいおう》（第四七代淳仁《じゅんにん》天皇）に譲位し、上皇となります。

天平宝字五（七六一）年、病気になった孝謙上皇の治癒に効があったのが弓削道鏡でした。道鏡は上皇からの寵《ちょう》を受け、天平宝字七（七六三）年には少僧都《しょうそうず》（僧正《そうじょう》の下にあって、大僧都《だいそうず》を助けて僧尼《そうに》を統率する僧官）となり、政治に介入していきます。

それを快く思わない淳仁天皇と藤原氏は孝謙上皇と対立を深めていきます。天平宝字八（七六四）年には、孝謙上皇・道鏡と対立した太政大臣・藤原仲麻呂（恵美押《えみのおし》勝《かつ》）が乱を起こすものの失敗、道鏡はそれに代わって太政大臣禅師となり、異例の出世を遂げていきます。

仲麻呂の後押しを受けていた淳仁天皇は廃位を宣告されて淡路《あわじ》国に流されてしまい、上皇は重祚して称徳天皇となりました。翌天平神護《てんぴょうじんご》元（七六五）年に逃亡を図った廃帝（元の淳仁天皇）が捕まって病死、天平神護二（七六六）年には道鏡が法王となるなど、称徳天皇と道鏡を中心とした実権把握が固まります。

とはいえ、称徳天皇は独身で子もおらず、皇位継承問題はくすぶったままでした。

そのようなか、神護景雲《じんごけいうん》三（七六九）年に宇佐八幡宮より称徳天皇に対して「道鏡が皇位に就くべし」との託宣が届きます。それを確かめに和気清麻呂が勅使として宇佐八幡宮に派遣され、この神託が虚偽であることを称徳天皇に上申。これに怒った称徳天皇は和気清麻呂を別部穢麻呂《わけべのきたなまろ》と改名して大隅国《おおすみ》へ配流してしまいます。

しかし、結果として道鏡には皇位は継がせないと称徳天皇が詔《みことのり》を発したことから、皇統を継がない人物が皇位に就くことは回避されました。

翌宝亀《ほうき》元（七七〇）年には称徳天皇が崩御、道鏡は下野国《しもつけ》の薬師寺別当に左遷され、二年後に赴任先で亡くなります。

こうした経緯があったせいか、これ以降九〇〇年近く女性天皇は誕生することがなく、江戸時代初期の寛永《かんえい》六（一六二九）年、史上七人目の女帝、第一〇九代明正天皇が即位しました。

ちなみに、称徳天皇は天武《てんむ》天皇系の最後の天皇となり、これ以降皇統は天智天皇系に戻ります。

●宮家《みやけ》――――P79

「宮家」とは本来、男系・父系による皇位継承を確保するために、先人が鎌倉、室町の時代にかけて創設した皇室のなかの家のことです。つまり、父系で皇統につながる男子を当主とする宮家をつくり、いつでも天皇の継承者となれる候補を確保するための存在です。したがって、もしも現代に新しい宮家を興す場合も、男子がご当主でなければなりません。父方で一系を辿れるための男子ですから、男女差別とは無縁です。

近年、「女性宮家」という言葉も聞かれるようになってきました。先人の智恵に反する言葉です。また、それがいかなるものを指すのか、いまだに定義がなされていないため、共通認識はありません。一般的には、女性皇族が皇統に属していない方と結婚後も皇族にとどまり、新たに宮家を創って当主になられることを表すと解されています。

仮に「女性宮家」が創設されると、有史以降初めて、皇統に属していない男子が婚姻によって皇族となる恐れが出てきます。万一、その子や孫が皇位に就かれた場合には、皇位の父系継承という日本の伝統は終焉《しゅうえん》することになります。

ではそもそも、皇位を継承できる男子皇族が極めて少ないという現在の危機的状況はなぜ起きたのでしょうか。

それは、敗戦と被占領により日本が主権を喪失していた当時、ＧＨＱ（連合国軍最高司令官総司令部）が昭和天皇の弟君の宮家以外の一一宮家五一人の皇族のすべてを、強権を以て皇籍離脱させ、皇位を継承できる男系・父系男子の人数を極端に減らしたことに原因があります。

とはいえ、皇位継承の危機は少なくとも古墳時代から起きていることであり、敗戦を経た現在だけの問題ではありません。ということは、危機を乗り切る智恵は過去の例にしっかりとあります。

古墳時代に皇位継承の危機を乗り越えて正統に即位された天皇陛下として、一五代応神《おうじん》天皇の五世孫《いつつぎのみこ》にあたる第二六代継体《けいたい》天皇を挙げることができます。

現在、政府機関の非公式な調べによると、一〇代五人、二〇代前半ふたりの皇位継承者たり得る男子、すなわち男系・父系で皇統につながる計七人が旧宮家にいらっしゃいます。

歴史的に計り知れない価値のある皇統を断絶させないためには、旧宮家の男子については、了承いただける方には皇籍に復帰いただけるよう、また現皇族の養子か女性皇族の婿養子となられることがあり得るよう、皇室典範の改正または特例法の制定を行うのが現実的対処だと思われます。

ただし、その方々が天皇家の戸籍にあたる皇籍に復帰していただいても、不自由さや行動の制限が加わるだけで、ご本人が天皇陛下になられることはおそらくありません。しかも、仕事を選ぶ自由や選挙権、健康保険など、基本的人権を放棄していただき、ある意味、国に殉《じゅん》じていただく必要があるので、とても強制できることではないのです。

現在、旧宮家の七人は全員が独身なのですが、皇統譜に自らの意志でお戻りいただいた場合、結婚されてお子さまが生まれたとして、そのお子さま以降が皇位継承者となっていくはずです。もちろん、結婚されるお相手の女性はどのような身分でも構いません。それは男女差別が全くない証左でもあります。

第四章　旧宮家って何

●立皇嗣《りっこうし》の礼《れい》——P86

平成三一（二〇一九）年四月三〇日、当時の天皇陛下（現・上皇陛下）が譲位され、徳仁《なるひと》皇太子殿下が五月一日に新しい天皇陛下に即位されるとともに、元号「令和」がスタートしました。これに伴い、秋篠宮文仁《あきしののみやふみひと》親王殿下が皇嗣《こうし》殿下（皇位継承順位第一位）となられたことはご存じの通りです。

これまでは皇嗣殿下が皇太子殿下（在位中の天皇の皇子）であったため、新天皇陛下即位のあとに「立太子《りったいし》の礼」が行われてきました。

しかし、今上陛下には男子がおられないため、実弟であられる文仁親王殿下が皇嗣殿下となられるとともに、「立皇嗣の礼」が行われることとなったのです。

当初、立皇嗣の礼は令和二（二〇二〇）年四月一九日に実施される予定でしたが、武漢熱（新型コロナウイルス）の感染拡大の影響から約七か月延期され、同年一一月八日に実施されました。皇居・宮殿の「松の間」で、文仁親王殿下が皇位継承順位一位の皇嗣殿下となられたことを天皇陛下が宣言される「立皇嗣宣明《りっこうしせんめい》の儀」が行われたのです。

●「皇室典範《こうしつてんぱん》に関《かん》する有識者会議《ゆうしきしゃかいぎ》」――P90

小泉純一郎政権下の平成一六（二〇〇四）年当時、秋篠宮文仁親王殿下が昭和四〇（一九六五）年に誕生された以降、男性皇族がお生まれにならない状況が続いていました。

平成一三（二〇〇一）年に、当時、皇太子でいらした徳仁親王殿下と雅子皇太子妃殿下の間に愛子内親王殿下がお生まれにはなっていましたが、皇位継承可能な男性皇族が少なく、このままでは将来の皇位継承が危ぶまれる恐れが表面化してきていました。

そこで小泉政権は、愛子内親王殿下の天皇即位を水面下で視野に入れて「皇室典範に関する有識者会議」という諮問《しもん》機関を設置して会合を重ねました。そして皇位継承について「女性天皇・女系天皇（母系天皇）の容認、長子優先」を柱とした報告書を平成一七（二〇〇五）年一一月に小泉総理に提出しました。

女性天皇はともかく、女系天皇（母系天皇）を認めることや、皇位継承順位は男女を問わず第一子を優先とすること、さらに女性天皇および女性皇族の配偶者になる男性も皇族とする、すなわち女性宮家の設立を認めることなど、この報告書はこれまで皇室が築いてきた万世一系の伝統を一気に崩壊させかねない問題をはらんだ内容のものでした。

一方で、それまでまったく議論されてこなかった皇位継承問題が正面から取り上げられたのであり、さらなる議論が期待されていました。

そんな折の平成一八（二〇〇六）年九月六日、秋篠宮文仁親王殿下・紀子妃殿下に悠仁《ひさひと》親王殿下が、四〇年九か月ぶりの皇族男子として誕生されました。悠仁親王殿下は平成の時代に誕生された、皇統に属する唯一の男系男子となられたのです。

現行の皇室典範に定める範囲内で皇位の継承をなさることができる男児が誕生されたことにより、近い将来に皇位継承者が不在となる危機は遠のくとともに、皇室典範の改正の議論は勢いを失いました。

結局、悠仁親王殿下の誕生の翌年（平成一九、二〇〇七年）には、第一次安倍晋三内閣によって有識者会議の報告書を白紙に戻す方針が示され、男系による皇位継承維持の方策について政府内で議論を開始するとされたのです。

しかし、その後は議論が進まず、女性天皇、女系天皇に関する議論はいったん保留されたままとなりました。皇位継承資格者もご高齢の常陸宮《ひたちのみや》親王殿下を含めて三人と危機的状況にあることは変わりありません。

将来、仮に悠仁親王殿下に男児が誕生されない場合、皇位継承の問題は再燃します。このままでは、現行の皇室典範に定める皇位継承資格者がおよそ四半世紀後にはゼロになってしまう恐れもあります。

それを憂えて、自由民主党の衆参両院議員六六人を擁する（令和三年五月現在）議員集団である「日本の尊厳と国益を護る会」（護る会）から、そのご意志のある旧宮家の男子に皇統にお戻りいただくことを柱とする具体的な提言が安倍総理（当時）、また菅総理に手交されました（一九九頁参照）。この提言書は、皇位継承をめぐる基礎知識すら教育でも報道でも政府広報でも国民にほとんど伝えられていない実状を打ち破るため、天皇陛下のご存在の意義をはじめ日本の根本にあたる事実をも盛り込んでいます。

法改正議論を含めて、今から先人にならって知恵をしぼっておく必要があります。

●今城塚古墳《いましろづかこふん》――P91

大阪府高槻市《たかつきし》郡家新町《ぐんげしんまち》にある今城塚古墳は、造営時の六世紀前半においては最大級の前方後円墳で、淀川流域では最大規模の墳墓となっています。

造営の時期や埴輪《はにわ》の特徴などから六世紀の大王墓と推定されることから、学界では継体二五（五三一）年に崩御した継体天皇の御陵だというのが定説となっています。

しかし、宮内庁は今城塚古墳から一・三キロメートル西にある大阪府茨木《いばらき》市の太田《おおだ》茶臼山古墳《ちゃうすやまこふん》を「三嶋藍野陵《みしまのあいののみささぎ》」として継体天皇陵に治定《じじょう》しています。この古墳の築造は五世紀中頃と考えられ、継体天皇が没した年代よりも一世紀近く古いこともあって疑義を持たれているのですが、宮内庁は治定の見直しを拒絶しています。

「真の継体天皇陵」といわれている今城塚古墳は国の史跡には指定されていますが、宮内庁から天皇陵と治定されていないことから、高槻市が発掘調査を継続的に行うことができるほか、墳丘も含めて一般人や近隣住人が自由に立ち入ることができる古墳公園として開放されています。

また、今城塚古墳最大の特徴となる遺構「埴輪祭祀場《はにわさいしじょう》」が見つかり、埴輪の出土点数や埴輪祭祀区の規模が日本最大であることもわかっています。

●継体天皇《けいたいてんのう》――P92

万世一系の皇位継承は、幾度となく危機を迎えてきました。その危機を乗り切ったひとつの例として、古墳時代の第二六代継体天皇の即位が挙げられます。

第二五代武烈《ぶれつ》天皇は数々の暴虐を極めたとされています。そうした乱行が祟《たた》ったのか、武烈天皇は跡継ぎをもうけずに一八歳の若さで崩御したとされています。この武烈天皇には架空説も強いのですが、事実としては、皇族内に跡継ぎ候補がおらず、継嗣が絶えてしまいかねない危機が訪れたことは間違いありません。

そこで先人は、男系・父系で皇統につながっていることを唯一無二の条件として、親等の遠さ近さは問題とせずに広く男子を探しました。そして、越前《えちぜん》（現・福井県）におられた応神天皇の五世孫・男大迹王《おおどのおおきみ》（彦太尊《ひこふとのみこと》）を見つけ出し、第二六代継体天皇として即位いただくことに成功しました。

武烈天皇で仁徳天皇の皇統が途切れたこと、そして五世も離れていることから、これを一種の王朝交替だと見なす異説もありますが、少数意見です。重要なのは一系の血統を正しく、確実に引き継ぐ知恵が発揮されたということです。

この史実が示している通り、我が国ではいかなる時代においても男系・父系による血統で皇位を継承させることを最も重要な原則として貫いてきた実績があり、いくら親等が遠くても皇統としては問題にはならない伝統なのです。

●皇后陛下《こうごうへいか》と妃《ひ》、側室《そくしつ》———Ｐ96

日本が先の大戦に負けたことや、それに伴ってＧＨＱが宮家を廃止したことなどは、近現代における皇位継承の大きな、新しい障害です。しかしそれがなくても、古くから万世一系の維持には常に危機がありました。

現代ほど医療技術が発達しておらず、ちょっとした病気で子供が簡単に亡くなっていく状況は、有史以来ずっと続いたからです。

厚労省の調査によると、人口動態調査を始めた明治三二（一八九九）年から昭和一四（一九三九）年までは乳児（一歳に満たない児）の死亡率は出生一〇〇〇に対して一〇〇となっていて、生まれてきた子供の一〇人にひとりが一年以内に死亡していたことになります。

乳児の死亡率がそれ以下になる、つまり一〇％を切ったのは昭和五一（一九七六）年以降のことであり、それ以降は右肩下がりで少なくなっていきました（「人口動態統計１００年の年次推移」厚生労働省などによる）。令和元（二〇一九）年の乳児死亡率は出生一〇〇〇に対して一・九と、まさに隔世の感があります（「令和元年　人口動態統計月報年計［概数］の概況」厚生労働省）。

すなわち、乳幼児の死亡率が下がってきたのは高度成長期以降のことなのです。いくら皇室の方々といえども、生理学的には私たちとまったく同じ人間です。病気もすれば事故にも遭います。子孫が数多くいなければ、皇位継承に支障を来たすのは明らかです。

そこで考えられたシステムが、正妃（正妻）である皇后陛下以外に妃《ひ》（側室は武家用語であり誤り）をひとり以上置くことでした。古代から正妻以外に妃《きさき》を複数もうけていたのは、好色だったからとは限りません。王朝維持の目的はもちろん、婚姻を通して有力権力者たちと平和的に縁を築いていくという側面もあったはずです。

いちばん大切なこと、肝心なことは、古代の継体天皇の即位を考えれば、正妃以外に妃が数多くいらっしゃった時代にも、皇位継承の危機は起きていることです。

そのため、現在の「側室を置けば子孫は増えるのだから、側室を置かない限り問題が解決とならない」などという、小泉政権時代の政府高官の主張や、一部の評論は俗説にすぎません。これまでも述べてきたように、皇位継承の安定策は先人の知恵のなかにすでにあるのです。

親等がいくら遠くても、男系・父系で神武天皇の血統さえ引いていれば、皇位継承資格を正当に持つという考えをあらためて確立していくのが一番、伝統に沿っていることに加えて、現実的です。

●倭彦王《やまとひこのおおきみ》――P100

第二五代武烈天皇（架空説あり）が数々の横暴を極めて、跡継ぎをもうけずに一八歳の若さで崩御したとされる時代ののち、実は彦太尊（すなわち男大迹王）の前に、倭彦王という皇位継承候補が発見されています。

倭彦王は、丹波《たんば》国桑田郡に住む、第一四代仲哀天皇の五世孫でした。大連《おおむらじ》（大和朝廷の最高の官職。大臣《おおおみ》とともに国政を執った）らが迎えに行ったが、倭彦王は迎えの兵士を見て恐れをなして顔色を失い、山中に逃げ出して行方不明となってしまったといいます。

　そして、倭彦王の次に白羽の矢が立ったのが、越前国高向《たかむく》（現・福井県坂井市丸岡町高田）に住む彦太尊、すなわち男大迹王だったのです。

●大伴氏《おおともし》、物部氏《もののべし》――P103

　第二五代武烈天皇（架空説あり）の崩御により皇統断絶の危機を迎えたとき、継承者探しに奔走した中心人物が、大連の大伴金村でした。

　大伴金村は、まずは丹波国桑田郡の倭彦王を擁立しようとしましたが、倭彦王は迎えの兵士を見て山中に逃げ出し、行方不明となってしまいます。そこで、大伴金村が次に担ぎ出したのが、越前国にいた男大迹王でした。それに大連の物部麁鹿火《もののべのあらかい》らも賛同します。

　兵士たちが男大迹王を迎えに行くと、倭彦王とは違って、男大迹王は普段通り落ち着いて床几《しょうぎ》に座っておられました。男大迹王にはすでに天子の風格があったといいます。

最初は群臣たちの忠誠を疑って、天皇即位を承知しなかった男大迹王ですが、使者に三日かけて説得されて、ついに即位を決意します。

大伴金村と物部麁鹿火は継体天皇の擁立に功績があったことから、その即位後、ともに再び大連に任ぜられました。

大伴氏は天孫降臨のときに先導を行った天忍日命《あめのおしひのみこと》（古事記による）の子孫、物部氏は神武天皇よりも前に大和入りをした饒速日命《にぎはやひのみこと》の子孫とされて、ともに朝廷の軍事を管掌していた豪族です。

大伴氏はこの大伴金村の時代が全盛期で、武烈から継体、安閑《あんかん》、宣化《せんか》、欽明までの五代の天皇の御代《みよ》にわたって大連を務めました。

継体二一（五二七）年に発生した磐井《いわい》の乱では、物部麁鹿火を将軍に任命され乱を鎮圧させることに成功します。物部麁鹿火はその後、安閑、宣化の御代にも大連を務め、宣化元（五三六）年に没します。

一方で、大伴金村は、欽明天皇の時代において任那《みまな》四県の百済《くだら》への割譲策で失敗し、これを物部尾輿《もののべのおこし》などから糾弾されて失脚、徐々に大伴氏は衰退していきました。これ以降、欽明天皇と血縁関係を結んだ蘇我稲目が台頭し、物部氏と蘇我氏の対立の時代へと入っていきます。

蘇我稲目と物部尾輿の死後は、蘇我馬子、物部守屋に代替わりし、仏教の受容をめぐって対立が激化していきます。最終的には、戦いで守屋に勝利した馬子が政治の実権を握り、物部氏は没落していきました。

●弟国宮《おとくにのみや》（山城国乙訓《おとくに》）、樟葉宮《くずはのみや》（葛葉《くずは》の宮）、筒城宮《つつきのみや》（山城の綴喜《つづき》）――P105

男大迹王は、大連の大伴金村、物部麁鹿火らによって越前より迎えられ、継体元（五〇七）年に河内国交野郡葛葉《くずば》の宮（現・大阪府枚方《ひらかた》市樟葉）において継体天皇として即位しました。

年齢はすでに五七歳に達していましたが、武烈天皇の姉にあたる手白香皇女《たしらかのひめみこ》を皇后とし、やがて天国排開広庭尊《あめくにおしはらきひろにわのみこと》（のちの欽明天皇）がお生まれになります。

前代に皇統継承の危機があったからか、即位後すぐに八人の妃を召し入れられ、のちの第二七代安閑天皇、第二八代宣化天皇も誕生されました。

樟葉の地で五年ほど宮を営んだのち、山城《やましろ》の綴喜《つづき》（現・京都府綴喜郡）に都を遷します。即位から一二年後には山城国乙訓《おとくに》（現・京都府長岡京市付近）に遷し、ようやくにして大和に入り、磐余《いわれ》の玉穂宮《たまほのみや》（現・奈良県桜井市）に都を置くことができたのは、なんと即位一九年後のことでした。すでに七六歳です。

継体天皇が政治の中心地である大和で政治を行うまでに長い時間がかかったのは、大和に根を張る皇族や葛城《かつらぎ》氏などの豪族たちの反対があったからだと考えられます。畿内北部の淀川水系である樟葉や綴喜、乙訓で大和に対抗できる力を蓄えていたとも、あるいは天国排開広庭尊《あめくにおしはらきひろにわのみこと》（継体天皇の御子）が即位できる年齢になって、やっと大和入りを許されたとも、さらには賢い継体天皇が有力豪族らが死ぬのを待ったという説までさまざまな説が提唱されています。

その後、継体二一（五二七）年の磐井の乱を経て、継体天皇は継体二五（五三一）年に勾大兄皇子《まがりのおおえのみこ》（安閑天皇）に譲位し、その日のうちに八二歳で崩御しました。

次に安閑天皇の同母弟である宣化天皇が即位しますが、三年ほどで崩御、継体天皇と手白香皇女の御子である欽明天皇が即位します。この欽明天皇の血筋が、現在の皇室に至るまで続いています。ちなみに、継体天皇は厩戸皇子（聖徳太子）の曽祖父にあたります。

エピローグ

●菊栄親睦会《きくえいしんぼくかい》――――P114

「皇室典範」の定めた皇位継承の条件を満たされる皇族の数が少なくなり、旧宮家の復活の声も上がっています。同時に、日本の敗戦によってＧＨＱが国際法に違背した強権で一一もの宮家を廃止したあと皇室、皇族方は皇統を途切れさせないような努力を人知れず重ねておられます。

そのひとつの例として「菊栄親睦会」という組織があります。これは、皇族と旧皇族（旧宮家）による親交の会です。皇室の紋章である「菊」が「栄える」という名が示すように、皇室の伝統を受け継いで、皇室を支える役割を担っています。

昭和二二（一九四七）年一〇月、昭和天皇の弟でいらっしゃる秩父宮・高松宮・三笠宮の三直宮《じき》家を除く一一宮家が臣籍降下（皇籍離脱）なされました。その際に、昭和天皇の聖旨によって、戦前は「皇族親睦会」と呼ばれていた組織が菊栄親睦会と改称されて、一一宮家の五一人がメンバーとなって組織されました。

現在、正会員は皇族と旧宮家の当主夫妻、結婚により臣籍降嫁された元内親王など三七人で構成され、今上陛下、雅子皇后陛下、敬宮愛子内親王殿下、今上上皇陛下、美智子上皇后陛下は名誉会員となられています。

新年の祝賀や天皇誕生日に加え、夏に昼食会などが定期的に行われるほか、皇族内で慶事があったときなどに会として集まります。また、正会員以外の親族も招かれることがあるようです。

国会の議論のなかで、以前皇族だったお家にたまたま生まれた旧宮家の方々にまでいきなり皇位継承資格を広げることに抵抗感を吐露した野党議員もいました。一部の政府高官までもがそう主張しました。しかし旧宮家の方々は、菊栄親睦会を通して皇室と継続的な交流関係を結び、歴史的背景や親戚関係においても皇室と非常に近しい立場にあることは、ごく客観的な事実です。

皇位継承の議論は、女性天皇や女性宮家ばかりではなく、古墳時代の継体天皇の事例などを参考にして、旧宮家の皇籍復帰を含めて検討することが望ましいと思われます。

旧皇族の復帰というのは、皇室ともともと無関係の子供がある日突然、皇位継承資格者になるような話では全くないことは良く知っておくべきことでしょう。

●参考文献

・全現代語訳　日本書紀　上・下（宇治谷孟　講談社学術文庫）
・新釈全訳　日本書紀　上・下（神野志隆光、金沢英之、福田武史、三上喜孝　講談社）
・口語訳　古事記［完全版］（三浦佑之　文藝春秋）
・新版 古事記（中村啓信　角川ソフィア文庫）
・皇室ってなんだ!?（竹元正美　扶桑社）
・即位礼と大嘗祭の歴史と文学（大島信生、新田均他　皇學館大學出版部）
・別冊宝島　神社と神様大全（宝島社）
・蘇我氏――古代豪族の興亡（倉本一宏　中公新書）
・日本書紀と古代天皇（瀧音能之　青春出版社）
・万世一系のまぼろし（中野正志　朝日新書）
・昭和天皇実録［第一、第二、第十など一部］（宮内庁　東京書籍）

あなたのこゝろへの手紙
～後書きにかえて

みなさん、無事、旅を終えられましたか。

こどもの頃のぼくは、後書きから先に読んでしまい、本文も最後から遡《さかのぼ》って読んでいくという不埒《ふらち》なこともしていました。

頭から読むときも、猛然とすっ飛ばして読みます。たくさん読みたいからでした。しかしその頃も現在も、これと決めた本は、結論が知りたい欲を抑えて最初から、そして少しづつ丁寧に読んでいました。

愚かなぼくでもこうでした。この苦闘の果てに世に現れたまんがは、みなさんも「これ」と決めて、冒頭からしっかり読んでいただきたいと祈っています。

尊敬する弘兼憲史さんのためでもなく、ましてやぼくのためではなく、日本のこれからの幸せのためです。

もしも最初からふつうに、しかし腰を据えて読んでいただけたのなら、永峯あかりと一緒に、すべての底を流れる澄んだ水脈に沿うような道を歩いていただいたと思います。

あかりが最後に空へ向かって言います。

「いつの日か　また逢えるといいね」

それは紀《のり》さんだけではなく、あなたに逢うことも意味しています。

天皇陛下のご存在をこれから主権者がどう考えるのか、今上陛下のあとの第一二七代天皇陛下、そしてその次の陛下、さらに次へ、それは永遠につながる課題なのに、決めるのは、たった今の主権者であるあなたです。

他に居ません。

あなたさま、ひとりひとりが時の政府や国会議員の言うことを聴きつつ、意を決する時、胸のなかであかりと再会してほしいのです。

あかりとの旅のあと、なんだか日本国に生きることの意味がすこし変わって見えないでしょうか。

ぼくらの運命はぼくらが決める。

それだけではありませぬ。未来の日本人の幸不幸も今のぼくらが決めるのです。

なぜか。

私心《わたくしごころ》を捨てられている天皇陛下のご存在がただしく続いていくことは、わたしたちの深い根源だからです。

それを喪うのか。喪わないのかは、あまりにも決定的です。今のぼくらは、そのちょうど分岐点に生きています。だから先ほど「他に居ません」と記しました。

喪《うしな》う道か、喪わない道か、そのどちらを行くのかは最終的に日本の唯一の主人公、主権者、すなわちみなさんおひとりおひとりです。


デラシネという言葉があります。

フランス語由来の外来語ですね。かつて、ぼくよりも先の世代、すなわち大学や高校で学生運動が火を噴いた時代に時折、語られた言葉だと思います。小説のタイトルにもなりました。

今ではＰｌａｙ Ｓｔａｔｉｏｎを使う人気ゲームのタイトルとして、知っているひとも多いでしょう。

根なし草、根を持たずに水面をふわふわと漂う草、その草のような人間像という意味です。

ぼくが大学を受験する頃になると、もう学生運動から多くの若者の心は離れていました。

離れたまんま、今の時代に至ります。

ところがデラシネという言葉は、いったん死語になっていたのに、ゲームタイトルとして甦ったりするのはどうしてか。その意味するところが、ずっと地下水のように続いているからではないでしょうか。

日本社会では、高校や大学、あるいは中学でも学ぶ時代に特に不安が強い。だから学生運動も起きたし、いじめも自死も起きる。それはなぜなのか。

ひとつには、根っこを教えられないことがあると考えます。たとえば数学でも、試験問題の上手な解き方は教わっても、数学は実は、世界を解釈するという面白いものであることは教わらない。

それでいて、世界を歩いてきてつくづく実感するのは、日本人は学校で育つということです。

ぼく自身は学校より、父と母の家庭教育で背骨をつくってもらったと考えています。あなたもそうかも知れません。

精神的には仮にそういう人でも基礎知識についてはどうでしょう。学校で習うことは誰でも知っていて、学校で決して教えないことは誰も知らない。それが多くの真面目な日本人ですね。

そうすると、学校で日本人の根っこを教えてくれないと、ぼくらはみな、デラシネになってしまいます。

そう、ほんとうは、もうなっていますね？

これが日本人の現在地です。

このまんがのタイトルは「誰があなたを護るのか」です。

護る人、護ってくださる存在を探していくまんがです。

サブタイトルは「不安の時代の皇《すめらぎ》」です。

すめらぎも学校で、まず、教わることの無い言葉ですね。しかし美しい響きです。

学校であっても、「万葉集」を読み込む授業がもしもあれば、「すめろき」という訓読みで出てきます。万葉集から一〇〇〇年ほどすると、すめらぎという訓読みになります。

いずれも漢字は幾つかあります。すべて天皇陛下という意味です。より広く皇族や、あるいはご先祖という意味を持つ場合もあります。しかし基本は、天皇陛下を意味します。

ではなぜ、サブタイトルを「不安の時代の天皇陛下」としなかったか。

実は……ご存じのかたもいらっしゃる通り、皇、すめらぎというのは今上陛下、あるいはおひとりの天皇陛下だけを指すのではなく、連綿と途切れることなく続いてきた皇位の継承を指すニュアンスが底にあるのです。

ぼくら日本人の根の中の根とは、おひとりの陛下ではなく、神武天皇からまっすぐに続いてきた皇統そのものです。

神武天皇につながらない女系・母系の天皇陛下を誕生させてしまえば、それはもう天皇陛下ではありません。

敗戦後の日本は、遂に、その異形の陛下、天皇ではない陛下を生もうかという政治にまで堕ちてしまいました。

不肖ぼくは、そこからみんなと一緒に脱するためにこそ、政治と言わず、まつりごと、という和語でいつも表現します。

ぼくらの祖国は何という貴重な宝物を持っていることでしょうか。

ご自分をお捨てになる祈りのひと、祭主、まつりぬしを二千数百年を超えて戴《いただ》き、西洋や中国の利害衝突の「政治」ではなく、たがいに人のために祈りつつ生きる「まつりごと」を進めるという本来の理念を持っている。

この宝物をたった今、発掘しましょう、一緒に。

みんなに共通する堅固な、長い時間に耐えてきた宝物としての土台があることほど、不安の時代のぼくらみんなを支えるものはありません。

武漢熱の時代に、知られざる事実があります。今上陛下は、ワクチンをどうされますかと宮中にてお尋ねを受けられたとき、「国民のなかでワクチンを接種したいと希望される人がみな受けるまで、わたくしは打ちません」という主旨を、このお言葉の通りではありませんが、述べられたとのことです。

その先の事実経過がどうなろうと、この事実を知った瞬間、ぼくは胸のなかで震えました。あぁ、わたしたちの陛下は、ここに、このお考えのなかに永遠にいらっしゃると。

またそれは、あの仁徳《にんとく》天皇の、「民のかまど」の逸話と深く通ずるものがあります。

最後に、おのれに立ち返って、ひとりの人間、いち男子として申します。

いったん護ると決意したひとを見捨てることは、ぼくは決してありませぬ。

そのように決意して、絶対に出たくなかった、自分を売り込むことをしたくなかった選挙にも出たのです。

誰任せにもしません。

同時に、独りよがりもやりません。

だから弘兼憲史さんと組んで、まんがを世に出します。

最初は、ひとりぼっちの提案でした。

まず支持してくれた「日本の尊厳と国益を護る会」（護る会／ＪＤＩ）の執行部の七人をはじめ衆参六六人の会員議員のみなさん、ありがとう。巻末に名簿を載せます。

長い努力をしてくれた扶桑社の田中亨編集長、編集部のみなさん、シナリオ構成に良き協力をくださったみなさん、校正者のみなさん、印刷会社のみなみなさま、いつもぼくの本の装丁を共同作業でやってくれるわが友、新昭彦《あたらし》さん、支えが嬉しゅうございました。

純粋に学問的な監修を、どこまでも丁寧、誠実に隅々まで実行してくださった専門家、皇學館大学教授の新田均さん、大感謝です。

期待どおりの作画をしてくださった弘兼憲史さん、弘兼さんの率いるヒロカネプロダクションのみなさんに、深い敬意と感謝をあらためて捧げます。

そして――

誰よりも、このまんがをお読みいただいたみなさん、読者があって初めて小説もノンフィクションもまんがも、生まれます。

読者の胸の中でこそ、生まれ直します。

これからも、これからこそ、共に歩みましょう。

あおやま　拝

武漢熱に苦しんでも新緑の芽ぶきは美しい、令和三年四月二七日の午後に。

資料（護る会から安倍総理、菅総理に手交された提言の全文）

「皇位継承の安定への提言」の趣旨

この度おごそかに「即位礼正殿の儀」が催され、今上陛下が一二六代天皇にご即位されたことを国内外に宣明され、心よりお慶び申し上げます。

さて「日本の尊厳と国益を護る会（略称・護る会）」は、天皇陛下と皇室の弥栄を祈念し、本年六月の護る会発足以来精力的に研究検討を重ね、本日別紙のとおり「皇位継承の安定への提言」をまとめ、発表いたします。

本提言に至ったのは、今上陛下の次世代の皇位継承者が事実上悠仁親王殿下お一人に限られる中で、二千数百年にわたってただ一つの例外もなく受け継がれてきた皇位の男系・父系による継承が危ぶまれるからであります。また立法府においても、平成二十九年六月の「天皇の退位等に関する皇室典範特例法」の成立の際、「政府は、安定的な皇位継承を確保するための諸課題」について、施行後速やかに検討し国会に報告するよう付帯決議が付されたことを踏まえ、今後の冷静で真摯な国会や国民の議論に寄与したいと考えたからです。

一方、わが国の皇位継承の伝統には一例もなかった「女系天皇」につながりかねない、「女性天皇」や「女性宮家」についての提言が昨今、政党や学者等から数々なされており、それらについて皇室の伝統を護るという観点から正しい情報と対案を提示していこうと考えたからであります。

自由民主党所属議員有志でつくる「日本の尊厳と国益を護る会」の本提言が、特に政府や自由民主党において、二千数百年の伝統に基づく安定的な皇位継承を図るための議論と検討に資することを願い、本提言を発表いたします。

なお、本提言の総理への手交は、十一月の大嘗祭までの皇室の一連の行事が終了し、総理がＡＰＥＣの首脳会談から帰国した後に行います。また、本日に自由民主党の幹事長、総務会長、政調会長、参議院幹事長、参議院政審会長に提言を届けます。

令和元年十月二十三日

日本の尊厳と国益を護る会

「皇位継承の安定への提言」

日本の尊厳と国益を護る会（護る会）
令和元年十月二十三日

一．意義の確立

わたしたち日本国民は、昭和二十年、西暦一九四五年から七四年間、天皇陛下と皇室の存在意義を学校で正面から教わることがないままに来た。それは家庭教育にも似通った現実をもたらしていると思われる。

そのために、天皇陛下のご存在を男系・父系によって続けることの根本的意義あるいは世界的価値を知る機会に乏しい。

まず、ここから再出発せねばならない。

日本の天皇陛下は、諸国の皇帝や王と大きく異なった存在である。

古代における仁徳天皇の「民の竈（かまど）」という故事によれば、天皇陛下は民の台所から夕餉（ゆうげ）を支度する煙が上がらないのをご覧になり、民の暮らしを楽にするために税を取るのをおやめになった。御自らの食事が粗末になり宮殿が傷むことより民を優先なさった。これは、今上陛下が祈られる際に、御自らの幸福を祈られることが無く、ただ民のために祈られることと直に繋がっている。

すなわち「人のために生きる」という生き方、民と国の理念を、祈りを通じてすべての日本人にお示しになる存在である。

民のための祭り主であられる役割を受け継がれることが、皇位継承の本質である。これらは天皇家という、初代より一二六代、二千数百年にわたる唯ひとつの血統によって受け継がれ、貫かれることによって実現している。

皇位の歴史が男系・父系による継承であるために、父を一系で辿（たど）ることができ、仁徳天皇や神武天皇にまで繋がる天皇家の皇統が続いてきた。

二千数百年にわたり変わらず受け継がれてきた、かけがえのない伝統を、ひととき の時代の価値観や判断で断絶することは許されない。

われらはこの伝統を、日本国の根源として、また、変わりゆく世界のなかで変わら ない安寧の国柄として護り抜かねばならない。

二． 基本認識の整理

1．男系、女系の違いは何か。

男系とは、父方の血統で神武天皇と真っ直ぐに繋がることである。女系であれば、神武天皇と繋がらない。女系による皇位継承は、日本の歴史で一度たりとも起こっていない。男系による皇位継承を、いかなる例外もなく、一二六代一貫して続けてきたのが日本の伝統である。これは、性差による優劣を論じるものでは全くない。有史以来一貫して民族が尊び、保ってきた男系による皇位継承を堅持するのか、その伝統を断絶させてしまうのか、この論点こそが、皇位継承をめぐる事の本質である。

2．女性天皇と女系天皇はどう違うか。

女性天皇は過去に十代八人、いらっしゃった。いずれも即位後は結婚なさらないか、御子をもたれず、男系・父系の男子に皇位を継承された。この女性天皇がもしも皇統に属していない方と結婚され御子が即位されていれば女系天皇、母系天皇となるが、それは一度も存在されたことがない。

今後もし女系天皇、母系天皇を認めれば天皇家の皇室は終わり、異質の王朝（皇室）、すなわち神武天皇から受け継ぐ祭り主ではない「天皇ならざる天皇」を生み出すことに直結する。

3．男系、女系ではなく父系、母系と呼ぶのはどうか。

女性差別という誤解を避けるためには、望ましい。変更するには皇室典範第一条「皇位は、皇統に属する男系の男子が、これを継承する」を「皇位は、皇統に属する父系の男子が、これを継承する」と改正する必要がある。

男系という言葉を使った法は他になく、この改正だけで良い。

4．いわゆる女性宮家を創設すれば何が起きるか。

宮家とは本来、男系・父系による皇位継承を確保するために先人が鎌倉、室町の時代にかけて創設した。すなわち父系で皇統に繋がる男子を広く世に求め、その男子を当主とする宮家をつくり、いつでも男系・父系の継承者になれる候補を確保するためである。したがって現代に新しい宮家を興す場合にも、男子がご当主でなければならない。

「女性宮家」がいかなるものを指すのか、未だ定義がなされておらず、共有認識はないが、一般的には、女性皇族が皇統に属していない方と結婚後も皇族にとどまり、新たに宮家を創って当主になられることを表すと解されている。仮に「女性宮家」が創設されると、皇統に属していない方が有史以来、初めて婚姻によって皇族になることになり、万一、その子や孫が皇位に就かれた場合には、皇位の男系継承という日本の伝統は終焉となる。

5．皇位を継承できる男子皇族が極めて少ない現在の危機が起きた、その客観的な経緯は何か。

敗戦と被占領により日本が主権を喪失していた当時に、ＧＨＱが昭和天皇の弟君の宮家以外の十一宮家五十一人の皇族をすべて、強権を持って皇籍離脱させ、皇位を継承できる男系・父系男子の人数を極端に減らしたことによる。それ以外に、現在の危機の原因は見当たらない。

6．皇位継承の危機は初めてか。先人はどのように乗り切ってきたか。

皇位継承の危機は、少なくとも古墳時代から起きていることであり、敗戦を経た現在だけの危機ではない。すなわち、危機を乗り切る智恵はすでにある。

たとえば古墳時代の継体天皇は、その危機から生み出された天皇陛下である。先人は、親等の遠さ近さは問題とせず、男系・父系で皇統に繋がっていることを唯一無二の条件として広く男子を探した。そして越前（異説あり）におられた応神天皇の五世孫が即位され、継体天皇となられた。

7．父系で皇統に繋がる男子であれば、親等が大きく離れていても問題は無いのか。

前記6の史実の通り、いかなる時代においても我が国では、男系・父系による血統で皇位を継承させることを最も重要な原則として貫いてきた実績があり、皇統として問題は生じない。

8．皇位継承をめぐる俗論の誤りとは何か。たとえば側室を置かないことが不安定化の原因だという説はどうか。

これも前記、継体天皇の即位を考えれば、皇后陛下以外に妃（現代用語あるいは武家用語では側室）が数多くいらっしゃった時代にも、皇位継承の危機は起きている。したがって、側室を置かない限り問題が解決とならないなどという評論は俗説に過ぎない。前述の通り、皇位継承の安定策は先人の知恵の中にすでにある。

三．現状の簡潔な整理

皇室典範の定める皇位継承者が三人（秋篠宮皇嗣殿下、悠仁親王殿下、常陸宮親王殿下）しかいらっしゃらず、うち、次世代の継承者と言えるのは、悠仁親王殿下お一人という現状にある。

今後は、おそらくは数十年を経て悠仁親王殿下が即位され、そのあと男子がお生まれにならなければ皇位継承者が絶える怖れがある。その時代には、現存の宮家がすべて絶えている可能性があるからだ。

【立法府においては、平成二十九年六月の「天皇の退位等に関する皇室典範特例法」の成立の際、「政府は、安定的な皇位継承を確保するための諸課題、女性宮家の創設等について、皇族方のご年齢からしても先延ばしすることはできない重要な課題であることに鑑み、本法施行後速やかに、皇族方のご事情等を踏まえ、全体として整合性が取れるよう検討を行い、その結果を、速やかに国会に報告すること」という文言を含む附帯決議を議決している。】

四. 具体的な安定策

まず、守るべき大原則として、現在の皇位継承順位は一切変えないものとする。旧宮家の方々が皇室典範の改正あるいは特例法の制定、およびご当人の了承のご意思によって皇族に復帰された場合でも同様とする。

事実上、以下の両案に絞られる。さらにこの両案は統合することができる。

（イ）養子および婿養子案

旧宮家の男子が、現皇族の養子となられるか、女性皇族の婿養子となられる案。お生まれになる子が即位された場合、父が天皇の血を引くという男系・父系の原則を満たすことができる。

後者の婿養子となられる場合、その旧宮家の男性がご当主となり新しい宮家を創設することがあり得る。またこの際の重要な注意点は、婚姻はご当人の自由意志に基づく自然なものでなければならないことである。

さらに、皇族の養子を禁じた皇室典範九条、また一般国民の男性は皇族になれないとする皇室典範十五条の改正か、特例法の制定が必要となる。

（ロ）旧宮家の皇籍復帰案

政府機関の非公式な調べによると十代五人、二十代前半二人の皇位継承者たり得る男子、すなわち男系・父系で皇統に繋がる男子が旧宮家にいらっしゃるという現況に鑑み、国民的理解に基づく立法措置を経たのちに、そのなかから了承の意思を持たれる方々に皇籍に復帰いただく案。

上記の皇室典範十五条を改正するか特例法を制定すれば可能となる。

（参考）

前述の継体天皇の即位当時と同じく、皇統に父系で繋がる男子をあらためて全国から探す案もあり得るが、上述のように旧宮家のなかに皇位継承者たり得る男子が少なからずいらっしゃることを考えれば、いたずらな混乱を避けるために、実行すべきではない。

前記を統合すると次のようになる。

「旧宮家の男子について、了承いただける方には皇籍に復帰いただけるよう、また現皇族の養子か女性皇族の婿養子となられることがあり得るよう、皇室典範の改正または特例法の制定を行う」

五．手順

（1）皇室典範を改正する（2）皇室典範の改正は行わないか、最小限度に留め、ご譲位と同じく特例法の制定を行う―の両案があり得る。

後者の特例法は、ご譲位の際と同じく立法府の円満な合意形成に寄与することが期待できる。

この特例法は、現在の皇位継承順位を堅持し、父系の皇位継承者を安定的に確保するため皇室典範第九条「天皇及び皇族は、養子をすることはできない」および第十五条「皇族以外の者及びその子孫は、女子が皇后となる場合及び皇族男子と婚姻する場合を除いては、皇族となることがない」という条文に関連しての特例法の制定となる。

すなわち、旧宮家の男子に限っては養子となることができ、また婚姻によっても皇族となることができるという特例である。

仮に【2】基本認識の整理の3で述べた皇室典範第一条の改正により「男系」という用語を「父系」に改めておけば、特例法においても「父系」という用語を用いることができる。

（了）

◎日本の尊厳と国益を護る会
略称・護る会

代表　参議院議員　青山繁晴
幹事長　参議院議員　山田　宏
副代表　衆議院議員　鬼木　誠
副代表　衆議院議員　長尾　敬
事務局長　衆議院議員　高木　啓
常任幹事　衆議院議員　石川昭政
常任幹事　参議院議員　山谷えり子

●衆議院議員（五十音順）

青山周平　稲田朋美　上野賢一郎　上野宏史　大岡敏孝　大西英男
大西宏幸　加藤寛治　神谷　昇　木村弥生　高村正大　齋藤　健
櫻田義孝　杉田水脈　高市早苗　谷川とむ　とかしきなおみ　中曽根康隆
中谷真一　中谷　元　中山泰秀　長坂康正　長島昭久　原田義昭
深澤陽一　三谷英弘　務台俊介　簗　和生　山田賢司

●参議院議員（五十音順）

有村治子　石田昌宏　磯崎仁彦　猪口邦子　大野泰正　小川克巳
小野田紀美　加田裕之　北村経夫　こやり隆史　清水真人　自見はなこ
進藤金日子　高野光二郎　鶴保庸介　中西　哲　長峯　誠　堀井　巌
三木　亨　三原じゅん子　三宅伸吾　山下雄平　吉川ゆうみ　和田政宗

●氏名非公開
衆議院議員　4名
参議院議員　2名

（令和3年5月24日現在　66名）

（英文名 The Conference to Japan's Dignity and National Interest, 英文略称・JDI）

青山繁晴（あおやま・しげはる）
▼作家、参議院議員、衆参両院の議員集団「護る会」（日本の尊厳と国益を護る会／JDI）代表、東京大学学生有志ゼミ講師（元教養学部非常勤講師）、近畿大学経済学部客員教授。▼神戸市生まれ。慶應義塾大学文学部中退、早稲田大学政治経済学部卒業。共同通信記者、三菱総合研究所研究員を経て、株式会社独立総合研究所を創建し、代表取締役社長・兼・首席研究員に就任。文科省参与など公職多数も無償で務めた。平成28（2016）年、独立総合研究所を退き、参議院議員に当選、現職。▼著書に小説では『わたしは灰猫』（扶桑社）、『平成紀』（幻冬舎文庫）、ノンフィクションでは記念碑的ロングセラー『ぼくらの祖国』（扶桑社新書）、咢堂ブックオブザイヤー大賞を受賞した『不安ノ解体』（飛鳥新社）をはじめ『きみの大逆転　ハワイ真珠湾に奇蹟が待つ』（ワニブックスPLUS新書）、など。▼高い人気の動画「青山繁晴チャンネル☆ぼくらの国会」を連日、配信。FM音楽番組「オン・ザ・ロード」でDJ。世界最高権威の地球物理学会「AGU」で口頭発表や招待講演を行うなど幅の広さで知られる。趣味もモータースポーツ（A級ライセンス）、アルペンスキー、スキューバダイビング、水泳、映画と多彩。

新田 均（にった・ひとし）
▼皇學館大学現代日本社会学部教授。▼長野県生まれ。早稲田大学大学院政治学研究科博士課程修了。近代日本の政教関係を中心に、学際的な立場から実証研究を行っている。▼平成10（1998）年「比較憲法学会・田上穣治賞」受賞。

誰があなたを護るのか―不安の時代の皇《すめらぎ》

発行日　2021年6月20日　初版第1刷発行
　　　　2024年9月30日　　　第10刷発行

原作およびシナリオ作成　青山繁晴
作画　ヒロカネプロダクション
監修　新田 均、日本の尊厳と国益を護る会
発行者　秋尾弘史
発行所　株式会社扶桑社
〒105-8070
東京都港区海岸1-2-20 汐留ビルディング
電話 03-5843-8842（編集）
03-5843-8143（メールセンター）
www.fusosha.co.jp
シナリオ構成　株式会社サイドランチ
シナリオ協力　松村バウ（中野エディット）
編集協力　中野克哉
協力　甘利貴信（株式会社クラップス）
装丁　新 昭彦（ツーフィッシュ）
ＤＴＰ制作　株式会社ビュロー平林
印刷・製本　TOPPAN 株式会社

ISBN978-4-594-08840-8